Texto/Contexto 1

Coleção Debates
Dirigida por J. Guinsburg

Equipe de Realização – Revisão: Geraldo Gerson de Souza; Produção: Ricardo W. Neves e Sergio Kon.

anatol rosenfeld
TEXTO/CONTEXTO I

 PERSPECTIVA

Dados Internacionais de Catalogação na Publicação (CIP)
(Câmara Brasileira do Livro, SP, Brasil)

Rosenfeld, Anatol, 1912-1973.
Texto/contexto I / Anatol Rosenfeld. -- São Paulo :
Perspectiva, 2015. -- (Debates ; 7 / dirigida por J. Guinsburg)

4. reimpr. da 5. ed. de 1996.
Bibliografia.
ISBN 978-85-273-0073-5

1. Literatura - Estética 2. Literatura - História e crítica 3.
Teatro - História e crítica I. Guinsburg, J. II. Título. III. Série.

06-8774
CDD-809

Índices para catálogo sistemático:
1. Literatura : História e crítica   809

5ª edição – 4ª reimpressão

Direitos reservados à

EDITORA PERSPECTIVA LTDA

Av. Brigadeiro Luís Antônio, 3025
01401-000 São Paulo SP Brasil
Telefax: (11) 3885-8388
www.editoraperspectiva.com.br

2021

Quando a alma *fala*, já não fala a *alma*.

Friedrich Schiller

SUMÁRIO

Prefácio 11

I. REFLEXÕES ESTÉTICAS

O fenômeno teatral 21
O teatro agressivo 45
A visão grotesca 59
Reflexões sobre o romance moderno 75
Psicologia profunda e crítica 99

II. TEMAS HISTÓRICOS

Shakespeare e o pensamento renascentista 123
Aspectos do romantismo alemão 147
Influências estéticas de Schopenhauer 173

III. AUTORES VÁRIOS

Mário e o cabotinismo 185

Thomas Mann: Apolo, Hermes, Dioniso 201

Kafka e kafkianos 225

A costela de prata de A. dos Anjos 263

PREFÁCIO

Este volume reúne uma seleção de estudos sobre temas de teatro, literatura e estética, publicados, na sua grande maioria, em periódicos brasileiros, no decurso dos últimos quinze anos. Quase todos os trabalhos foram reelaborados, ampliados e, na medida do possível, postos a par dos conhecimentos atuais. Em alguns casos resultaram ensaios inteiramente novos.

Ao leitor não escapará a relativa unidade dos trabalhos, apesar da diversidade dos assuntos. Boa parte aborda, pelo menos de leve, um problema antropológico estreitamente ligado à arte, à ficção e aos fundamentos da comunicação humana: o problema da máscara, do disfarce, do cabotinismo.

É conhecido que o conceito da máscara desempenha papel central no pensamento e na obra do autor de *Maschere Nude*, título geral que Pirandello deu à sua obra dramática. Esse conceito relaciona-se com a sua concepção da pluralidade da pessoa humana, cuja dissociação, já analisada pelos românticos e por Kierkegaard, é tema freqüente na literatura moderna e se tornou um dos motivos que suscitaram a transformação radical tanto do romance como da dramaturgia do nosso século. Das concepções de Pirandello decorre a dicotomia "Forma-Vita", fórmula usada por Adriano Tilgher para caracterizar o pensamento do grande escritor italiano. A vida impõe ao indivíduo uma forma fixa, tornada em máscara. O fluxo da existência necessita desta fixação para não se dissolver em caos, mas ao mesmo tempo o papel imposto ou adotado estrangula e sufoca o movimento da vida. Essa contradição é para Pirandello problema angustiante não só no nível do indivíduo humano, mas também no da sociedade dentro do fluxo histórico.

Idéias semelhantes surgem no pensamento de Georg Simmel e são, de resto, características da "filosofia da vida", de tão grande aceitação por volta do século. De outro modo se manifestam no pragmatismo do pensador alemão Hans Vaihinger, cuja filosofia do "Como Se", segundo se supõe, influiu em Pirandello que se formou na Universidade de Bonn. Segundo Vaihinger, os enunciados e os próprios fundamentos da lógica, ética, estética e religião são meras ficções, ficções conscientes, tratadas *como se* fossem verdadeiras, graças à utilidade prática dessas criações fictícias. Bem de acordo com isso, Pirandello, irracionalista entranhado, afirma que a nossa razão fabrica e impõe ficções, ilusões falsas, com que depois temos de viver — p. ex., a da personalidade coerente, íntegra, que manteria a sua continuidade através dos anos. Ao fim ela se torna rígida forma forçada, máscara que nos coage, armadilha e cadeia que aniquilam a nossa liberdade. A libertação deste papel unilateral — problema também de Max Frisch, num romance como *Stiller* ou em peças como *Don Juan* e *Andorra* (imposição do papel de judeu) — e, de outro lado, a máscara como parte indispensável da vida, são temas constantes de Pirandello.

Outra inspiração do grande dramaturgo e narrador parece ter sido a filosofia irracionalista de Arthur Schopenhauer, abordada num dos estudos deste volume. Seu discípulo imediato é Nietzsche para quem o caráter histriônico do homem é quase uma obsessão. Num pequeno ensaio *Sobre a verdade e mentira no sentido extramoral* (1873), Nietzsche afirma, de conformidade com seu mestre, que o intelecto, enquanto meio para a conservação da vida, desenvolve suas forças principais no disfarce [1]. Este, segundo o filósofo, "é o recurso pelo qual os indivíduos mais fracos, menos robustos, se conservam, já que lhes é negada a

---

(1) O termo alemão é *Verstellung*, do verbo *stellen* (pôr). *Verstellen* — disfarçar, dissimular, fingir — contém a metáfora de repor, antepor (como se alguém antepusesse uma máscara), por em outro lugar. "Er verstellt sich" (ele finge, dissimula, se disfarça) sugere a imagem de alguém que se coloca em outro lugar que não o seu ou também de alguém que se encobre com algo que o resguarda de ser visto por outrem.

Como o prefixo "Vor" — *Vorstellung, vorstellen* — a palavra passa a significar principalmente representação, representar, tanto no sentido psicológico, de imagem ou reprodução de algo percebido, como no sentido teatral e no de aparentar algo. A representação, no sentido psicológico, substitui a realidade pela "anteposição" (tradução literal de *Vorstellung*) de uma imagem mental que é mera "aparência". Neste sentido, o termo surge no título da obra principal de Schopenhauer, *Die Welt als Wille und Vorstellung* (O Mundo como Vontade e Representação). A realidade verdadeira, metafísica, é vontade irracional, o resto é aparência, representação mental, ficção. É inevitável que o termo sugira de leve, como conotação, o significado teatral — o que não exclui que precisamente o teatro e a arte em geral, através da sua ficção potencializada, suspendam a ficção convencional e revelem a realidade verdadeira.

13

luta pela existência mediante chifres ou mercê dos dentes cortantes dos animais rapaces. No homem esta arte de dissimulação chega ao ápice: aqui o engano, a lisonja, o mentir e iludir, o falar por trás das costas, o representar, o viver no esplendor emprestado, a mascarada, a convenção que encobre, o jogo cênico diante dos outros e de si mesmo, em suma o esvoaçar constante em torno da chama vaidade — são de tal modo a regra e a lei que não existe quase nada mais incompreensível que o aparecimento, entre os homens, de um impulso honesto e puro para a verdade..."

"Ai da curiosidade fatal, prossegue Nietzsche, que em determinado momento pudesse espiar por uma fenda além da salinha da consciência (criadora das ficções. Nota do tradutor) e, penetrando no íntimo, chegasse a pressentir que o homem repousa, na indiferença da sua ignorância, montado por assim dizer no dorso de um tigre, por sobre um fundo impiedoso, ávido, insaciável, assassino."

Bem se vê que a psicanálise tem as suas raízes nesta concepção irracionalista do homem: ela também, como depois Pirandello, iria destruir as colunas brancas que os gregos ergueram sobre o abismo escuro. Reerguê-las, estas colunas, sem negar o abismo, certamente foi o esforço maior de um autor humanista como Thomas Mann. Profundamente ligado à tradição irracionalista esboçada, dedicava-se incessantemente a superá-la e integrá-la numa concepção mais íntegra do homem.

A crítica da língua, feita por Nietzsche no mesmo ensaio, lembra um pouco a de Bacon, ao falar dos "ídolos da feira", e muito mais ainda a de Górgias, sofista conterrâneo de Pirandello. Não sem razão se comparou tantas vezes o dramaturgo da "incomunicabilidade" com o patrício que, 2 500 anos antes, dissera: "Nada existe. Se algo existisse, nós não poderíamos conhecê-lo. E se pudéssemos conhecê-lo, não poderíamos comunicá-lo". Para Nietzsche, tal como se manifesta naquele ensaio, toda a "verdade" é mera convenção que funciona através de signos lingüísticos arbitrários — através de um "exército móvel" de metáforas, metonímias, antropomorfismos, em breve, através de uma soma de enfocações humanas que, poética e retoricamente acentuadas e enfeitadas, após longo uso se afiguram ao respectivo povo como certezas firmes, canônicas e obrigatórias. As verdades são ficções de que se esquece que o são, metáforas gastas, moedas que perderam a sua imagem. Falar a verdade significa usar as metáforas usuais, isto é, diz a verdade quem mente conforme convenções firmemente estabelecidas. A língua como máscara — não deste ou daquele indivíduo —, mas que é parte essencial e inescapável do *Homo sapiens*, esse problema tornou-se experiência "existencial" na obra de Pirandello, para não falar do Teatro do Absurdo.

A palavra existencial evoca o nome de Kierkegaard. É evidente que o uso consciente da máscara dos pseudônimos e ainda mais dos heterônimos, tanta no caso do pensador dinamarquês como no de Fernando Pessoa, esse desdobramento e dissociação da personalidade, se liga à procura e ao questionamento da autenticidade, da escolha e opção, enfim do engajamento absoluto do sujeito singular, tal como concebido por Kierkegaard[2]. Se este combateu com tanto veemência a filosofia de Hegel, a razão mais profunda é que o grande sistema, enquanto sistema, se lhe afigura como máscara, como "forma" que fixa e sufoca, na sua objetividade, a existência do sujeito inapreensível pelo conceito mesmo dialético e pela estrutura

(2) Adolfo V. Casais Monteiro, em *Estrutura e Autenticidade como Problemas da Teoria e da Crítica Literária* (1968), analisa agudamente o problema da máscara nos casos de Kierkegaard e de Fernando Pessoa.

lingüística. Encontra-se aqui um dos motivos da atitude crítica de J. P. Sartre em face do estruturalismo.

É conveniente parar aqui. Uma indagação mais minuciosa acerca do conceito da máscara levaria provavelmente às noções da coisa em si e do fenômeno, do sujeito empírico e inteligível, tais como surgem na filosofia de Kant, e, mais remotamente, aos conceitos de ser e aparência, tais como se manifestam no pensamento de Platão. Ainda mais longinquamente conduziria aos cultos dos povos primitivos, à máscara como captadora dos espíritos e demônios chamados nos rituais à presença dos crentes, à máscara como mediadora entre o eu humano, encoberto e apagado pelo disfarce, e o deus invocado que vive no objeto que o representa. Muitas vezes a máscara exerce uma função semelhante àquelas esculturas em que se estabelece e passa a residir a alma dos mortos. Ressalta aí a afinidade entre a máscara e a arte. Segundo certo autor, de tendências um tanto gnósticas, toda a arte tem a função de invocar o "espírito" que baixa das alturas e se radica na matéria sensível da obra, enquanto esta, ao mesmo tempo, se eleva à altura do espírito, num processo que tanto teria de magia como de mística.

Baste, porém, esta ligeira digressão para esboçar o pano de fundo diante do qual os estudos enfeixados neste volume talvez adquiram contornos mais nítidos e se lhes perceba com mais facilidade a unidade subjacente. O problema, um dos mais complexos da antropologia filosófica e como tal necessitado de uma análise sistemática, apenas pode aflorar nestes ensaios, visto não ser temático, mas se manifestar apenas marginalmente. O fato é que o próprio autor, quando ocupado com a escolha de trabalhos adequados a esta edição, se surpreendeu ao verificar a freqüência e perseverança com que o tema aponta, acabando por selecionar sobretudo estudos que em maior ou menor grau se enquadrassem nesse contexto. O motivo ressurge, feito quase *leitmotiv*, fio de meada, a ponto de os trabalhos se enovelarem.

O autor espera, ainda assim, que essa constante, longe de resultar de um apriorismo imposto à interpretação de autores e problemas tão variados, decorra ao contrário das solicitações inerentes aos fenômenos examinados, ávidos de serem "ensarilhados" para se apoiarem mutuamente.

ANATOL ROSENFELD

I
REFLEXÕES ESTÉTICAS

O FENÔMENO TEATRAL

1

Há quem ainda hoje considere o teatro essencialmente como um veículo da literatura dramática, espécie de instrumento de divulgação a serviço do texto literário, como o livro é veículo de romances e o jornal, de notícias. Essa concepção exclusivamente literária do teatro despreza por completo a peculiaridade do espetáculo teatral, da peça montada e representada. Vale citar, neste contexto, o que Mário de Andrade disse certa vez ao apreciar de modo positivo uma encenação de Alfredo Mesquita por ter este evitado "aquela poderosa mas perigosíssima atração da palavra com que em nossa civilização a literatura dominou o teatro e desequilibrou-o, esquecendo-se de que ele era antes de mais nada um espetáculo".

A discussão é antiga e esta contribuição procura evitar o extremismo contrário, em detrimento da literatura [1]. Contudo, é necessário combater uma opinião que tende a reduzir o teatro, por inteiro, à literatura, qualificando a cena como "secundária" e mero "artesanato" e atribuindo-lhe só "em diminuta margem" uma "legítima intuição artística criadora"[2]. Não se faz jus à arte do ator, julgando-a "escrava, secundária, não inteiramente arte". Sem dúvida, é certa a crítica à hipertrofia da função diretorial — tão em voga no "teatro desenfreado" das primeiras décadas deste século [3] —,mas daí não é preciso chegar ao exagero de atribuir ao diretor apenas a função de "entender a peça". Há muita gente que entende peças sem por isso servir para diretor. Aliás, o próprio sr. Hecker Filho acrescenta logo que cabe ao diretor comunicar a peça "em sua plena possibilidade de significação", dando-lhe "a mais adequada e humana, tensa, encarnação possível". É evidente que isso exige do diretor não só a capacidade de entender a peça e sim uma série de qualidades entre as quais a menor certamente não será a da imaginação criadora. Enfim, o problema não é proposto na sua complexidade, quando se diz que a magnitude do teatro "reside na literatura dramática. O demais é demais". Em se tratando de teatro, o demais é tudo. De outro modo bastaria ler o texto.

A importância da literatura dramática — particularmente na fase atual do teatro brasileiro — deve de fato ser realçada. Reside nisso o grande mérito das teses em foco. No entanto, há no puritanismo literário, antiteatral, algo de iconoclasmo, algo que se dirige contra o espetáculo sensível, multicor e festivo. Esse procedimento lembra um pouco o do afamado

(1) Tendência que prevalece mais recentemente.

(2) As citações referem-se a trabalhos de Paulo Hecker Filho, advogado radical da concepção literária.

(3) Voga que atualmente se radicaliza.

Gottsched, na Leipzig do século XVIII, que, dirigindo-se com razão contra a separação total entre um teatro inteiramente tomado pelo mimo popular das companhias ambulantes e a literatura erudita, chegou ao extremo oposto de "exilar" e prescrever o Arlequim; o que, na palavra de Lessing, era "a maior arlequinada jamais levada à cena". Diante disso surge a tentação igualmente extremista de dizer que no teatro os sentidos valem mais do que o sentido; e a vida dos sentidos mais do que o sentido da vida; que não cabe ao ator servir de intérprete ao drama, mas a este servir "à pintura viva do ator" (Lessing). Afinal, toda a história da literatura dramática explica-se pela aspiração de dar um *substrato* ao teatro [4].

Ainda que não se tenda a nenhum radicalismo oposto, em favor do teatro absoluto, à maneira de Craig ou Artaud, há bons argumentos para limitar-se não só o exclusivismo do teatro literário, mas também a supervalorização do "literário" no próprio teatro literário. O argumento genético, no caso não inteiramente falso, mostra que a palavra não desempenha papel de destaque na origem do teatro. Pode-se acrescentar que pesquisas etnológicas atuais provam haver, entre povos que se hesita em chamar de primitivos, um *grande* teatro sem texto dramático. Pode-se argumentar também com a Commedia dell'arte, teatro no sentido pleno do termo, o qual, aliás, exerce tremenda influência no nosso século: é a volta de Arlequim, eterna encarnação do prazer elementar nas manifestações lúdicas da cena. Acrescente-se que o crítico teatral *não* é crítico literário, embora, também neste domínio, deva ter ampla competência. Existe uma "ciência do teatro" que está longe de se ocupar apenas com a história e a análise da peça dramática. Uma obra dedicada a esta ciência costuma conter não só capítulos sobre a dança, mímica, pantomima, sobre o

---

(4) Essa tendência de salientar ao máximo a importância do ator é defendida atualmente sobretudo por Grotowski.

"mimo" e o "ator" etc., mas também sobre uma série de tipos de textos que não se enquadram na "alta" literatura, servindo, ainda assim e por vezes precisamente por isso, admiravelmente a certos propósitos teatrais.

Pode-se aduzir ainda que o palco literário, por mais realce que mereça em determinada fase de determinado teatro, é apenas uma das possibilidades, um dos setores do teatro, mesmo declamado. Um grande teatro como o barroco, talvez o mais espiritual e, ao mesmo tempo, o mais sensível que jamais existiu, dava em certas das suas manifestações — como a jesuíta — tão pouco valor à palavra que esta, sendo latina, nem sequer era entendida pela maioria do público. Os textos usados muitas vezes eram apenas "pré-textos" para a arte dos engenheiros, maquinistas, pintores, músicos, diretores e atores que se uniam para assaltar todos os sentidos de um público a quem, simultaneamente, se apresentava a mais espiritual das lições: o engano, a fugacidade, a frustração do sensível em face do supra-sensível e eterno. O teatro do mundo no mundo do teatro.

Todavia, todos estes argumentos são de ordem marginal. O que importa verificar é que a peça como tal, quando lida e mesmo recitada, é literatura; mas quando representada, passa a ser teatro. Trata-se de duas artes diferentes, por maior que possa ser a sua interdependência. A literatura teatral vira teatro literário; o que era substantivo passa a ser adjetivo, o que era substância torna-se acidente. Não é jogo de palavras. O fato descrito marca a passagem de uma arte puramente "temporal" (a literatura) ao domínio de uma arte "espácio-temporal" (o teatro), ou seja, de uma arte "auditiva" (deve considerar-se a palavra, na literatura, como um fenômeno essencialmente auditivo se não se tomam em conta as pesquisas concretistas que invadem o terreno das artes plásticas) ao campo de uma arte áudio-visual. Estas velhas distinções estéticas talvez pareçam um pouco pedantes. No entanto, a sua importância salta aos olhos visto mostrarem que às palavras cabe no teatro outro *status* ontológico que na literatura. Nesta, a realidade dada à percepção é composta de sinais tipográficos (que só na poesia concretista adquirem valor sensível e expressivo) ou de sonoridades quando a obra é recitada. Em ambos os casos o que "funda" a obra são os elementos sonoros das palavras, co-dadas (ao ouvido interior), quando ela é lida, e diretamente dadas à percepção, quando é recitada.

Contudo, o que "constitui" de fato a obra literária é a seqüência das unidades significativas projetadas pelas palavras e orações. A partir deste processo muito mediado e através de várias outras mediações constitui-se na mente, ou seja, na imaginação do leitor ou ouvinte, o mundo imaginário da ficção literária.

Já no teatro o que "funda" o espetáculo — e o que é dado à percepção imediata — são os atores e cenários *visíveis*. Através deles são quase-dados, quase-percebidos, a ponto de quase não se notar a mediação, as personagens e o espaço irreal da ficção teatral. Assim, o mundo imaginário apresenta-se de uma forma quase direta, sem as numerosas mediações da literatura. A própria voz dada à percepção já não é propriamente do ator e sim da personagem, ao passo que na mera recitação a voz é sempre do recitador. Tal diferença se verifica graças à metamorfose do ator tornado personagem (no teatro de Brecht, o fenômeno fundamental do teatro, a metamorfose do ator, é pressuposto: o ator deve ser a personagem para poder afastar-se dela; trata-se de um jogo inteiramente teatral, inconcebível na literatura). Formulando de modo radical, pode-se dizer, portanto, que na literatura é a palavra que constitui a personagem, enquanto no teatro é a personagem que constitui a palavra, é fonte dela. Com efeito, no teatro a personagem já "fala" antes de pronunciar a primeira palavra. A grande personagem e o grande ator, cujo silêncio pode ser muito mais expressivo do que centenas de palavras, beneficiam-se mutuamente de um carisma que só através da presença viva se manifesta.

O que "funda", portanto, o espetáculo é o ator (e não as sonoridades de palavras) e o que o constitui são as personagens (e não conceitos ou unidades significativas). Há naturalmente a precedência da literatura teatral no teatro literário, já que este usa aquela como seu substrato. Entretanto, para o teatro essa precedência, usando analogias aristotélicas, é a do bloco de pedra que será enformado pelo escultor, adaptando-se este naturalmente às "exigências" da matéria na sua mão. Sem dúvida, visto da literatura, o palco apenas "interpreta" o texto. Visto, porém, do teatro, o texto contém apenas virtualmente, potencialmente, o que precisa ser atualizado pela "forma", pela "idéia" teatral. Essa atualização é ao mesmo tempo "concretização", encarnação, é a passagem para a continuidade sensível e "existencial" do que no texto apenas é "esquematizado" por conceitos descontínuos e abstratos. Todo leitor, individualmente, traduz os sinais tipográficos, sonoridades, palavras e conceitos em "representações" mentais, através da sua imaginação. Só o teatro, contudo, lhes dá a plenitude da existência perceptual. E nesta passagem para o *medium* cênico, a palavra perde, ontologicamente, a sua função fundante ou constitutiva, cedendo-a ao ator que, metamorfoseado em personagem, torna-se fonte da palavra.

Nesta passagem de uma a outra arte, já a escolha do ator é um ato criativo. A mediação do mundo imaginário já não dependerá apenas de palavras descontínuas e sim, antes de tudo, da presença e continuidade físicas do ator-personagem que passa a preencher todos os detalhes que o texto literário apenas sugere. O que, na mente do leitor, era jogo imaginativo, quase sempre vago, tem de manifestar-se agora como "realidade" áudio-visual, precisa, totalmente determinada nos pormenores. Assim, o mundo imaginário passa do plano das "universalias" literárias ao plano do "nominalismo" dos sentidos; o que, em cada espetáculo (mesmo em se tratando da mesma peça), exige o ato criativo da individualização e definição radicais, da escolha entre um sem-número de possibilidades. E nesta definição e escolha não só colaboram o diretor e o ator, mas, em cada representação, o próprio público — fenômeno inexistente na literatura.

Esta escolha implica, em cada gesto, em cada acento da voz, responsabilidade criadora, estética. Mesmo um filósofo como Nicolai Hartmann, tão dado à supervalorização da literatura, admite na sua *Estética* que ao ator (aí se incluindo sempre o trabalho invisível do diretor) cabe plena liberdade nos pormenores inumeráveis, pormenores que justamente constituem a "realidade" sensível da cena. E isso a ponto de o ator se tornar, segundo Hartmann, co-criador, co-poeta. Fato que Voltaire bem antes reconheceu ao observar a respeito do ator Lekain que "não sou eu quem criou minhas tragédias — é ele!". Ao contrário dos adeptos do texto, que consideram o corpo um "dado obscuro", Hartmann considera a palavra, face ao mundo sensível do teatro, matéria "bruta", pouco flexível.

Contudo, mesmo as formulações de Hartmann não são satisfatórias. O simples fato de, no espetáculo, já não ser a palavra constitutiva e sim o ator-personagem, confere às orações um significado diverso do literário. Elas só desenvolvem seu pleno valor cênico ao se tornarem "música de movimentos", ao se repetirem no gesto, na mímica e pantomima, em suma, ao passarem para a dimensão espácio-visual.

2

Repetindo: o teatro, mesmo quando recorre à literatura dramática como seu substrato fundamental, não pode ser *reduzido* à literatura, visto ser uma arte de expressão peculiar. No espetáculo já não é a palavra que constitui e medeia o mundo imaginário. É agora, em essência, o ator que, como condição real da personagem fictícia, constitui através dela o mundo imaginário e, como parte deste mundo, a palavra. Contudo, não se trata apenas de uma inversão ontológica. Concomitantemente, o espetáculo, como obra específica, por mais que se ressalte a importância da literatura no teatro literário, passa a ter valor cênico-estético somente quando a palavra funciona no espaço, visualmente, através do jogo dos atores. É característico, tanto no sentido ontológico como estético, que os gestos geralmente precedem às palavras correspondentes (ainda que se trate apenas de uma fracção de segundos). E a presença sensível daquele que ouve o outro, sem falar, é de grande importância, já que a reação do interlocutor mudo, no palco, se transmite de certo modo à platéia.

O ator, em cuja criação para maior simplicidade se considera incluído o trabalho múltiplo do diretor, "preenche" com dados sensíveis, áudio-visuais, o que o contexto verbal da peça dramática necessariamente deixa na relativa abstração das universálias conceituais. Esse preenchimento é um trabalho eminentemente inventivo, visto os dois textos da peça — diálogos e rubricas — deixarem em cada instante larga margem à escolha dos dados sensíveis. A palavra pode celebrar, nunca concretizar o ser individual e singular, somente dado a atos que incluem a percepção imediata. Cada oração abre assim um extenso campo de possibilidades para a plena concretização e atualização áudio-visuais do texto. Com efeito, a personagem nele dada não é um ser humano integral, não o é no pleno sentido sensível; é, no melhor dos casos, apenas o complexo do que é literariamente apreensível. O jogo fisionômico, a melodia sonora, o timbre da voz, o "crescendo" e "diminuendo", "accelerando" e "ritardando" da fala e dos gestos, a vitalidade e tensão, os silêncios — tudo quanto distingue a pessoa existente, não pode ser definido pela palavra. O texto dramático somente projeta, através da seqüência unidimensional dos significados, o sistema de coordenadas psicofísico, cuja conversão para a tridimensionalidade cabe à cena e ao ator. Parece que foi Coquelin quem disse que uma só palavra deve ser capaz de provocar lágrimas e risos pela *mera inflexão da voz* do ator.

Assim, a encarnação da palavra pelo ator e pela cena parece ser a "realização" do mundo imaginário projetado pelo texto e, com isso, de certo modo, uma "traição" do jogo imaginativo. No entanto, é óbvio que apenas aos atores e à cena (como mera materialidade) cabe ser real. As personagens e o mundo em que se situam são irreais, imaginários; são "seres puramente intencionais", como ocorre em qualquer outra arte; com a diferença de que a realidade mediadora das pessoas fictícias, em vez de consistir de cores, mármore, sucessão de sons ou sinais tipográficos, é agora a de pessoas reais; daí surgir a impressão da "realização" do texto. Entretanto, trata-se apenas da atualização e concretização plenas do mundo intencional da peça, sem que em nada lhe seja diminuída a sua categoria de imaginação [5]. Se não fosse assim o espetáculo deixaria de ser arte. Em toda obra artística se associa ao

(5) O problema fenomenológico da intencionalidade e questões relacionadas são amplamente expostos no meu ensaio "Literatura e Personagem", vol. *A Personagem de Ficção*, Ed. Perspectiva, S. Paulo.

plano real, de um "ser em si", e fundado nele, outro plano, de ordem imaginária, de um "ser apenas para nós", plano esse apreendido pelo apreciador adequado. Assim, na música se funde, na mente do apreciador, com a sucessão físico-acústica dos sons, perfeitamente real, o plano da "duração", isto é, de sínteses e totalidades significativas, cujo ser é irreal e cuja "audição interna", exige uma ação específica do apreciador adequado. O que parece ser um ato único e realmente como tal se impõe, é na verdade um tecido complexo de atos que ultrapassam de longe a mera percepção.

Posto isso, é supérfluo acentuar que as personagens do espetáculo, apesar da sua concretização sensível maior do que a do texto, conservam plenamente o caráter de personagens fictícias, em comparação às reais: maior coerência (mesmo quando incoerentes), maior exemplaridade (mesmo quando banais), maior significação e transparência; e maior riqueza — não por ser a personagem mais rica do que a pessoa e sim por causa da concentração, seleção, densidade e estilização do contexto imaginário que reúne os fios dispersos e esfarrapados da realidade num padrão firme e consistente.

Assim, o fenômeno básico do teatro, a metamorfose do ator em personagem, nunca passa de "representação". O gesto e a voz são reais, são dos atores; mas o que revelam é irreal. O desempenho é real, a ação desempenhada é irreal. Por mais séria que esta seja, a própria seriedade é desempenhada, tendo, pois, caráter lúdico. Visto, porém, que os significados — o mundo revelado pelo desempenho — são aquilo a que se dirige principalmente o raio da intenção do público, ocorre normalmente o fenômeno do aparente "desaparecimento" do ator que — se não for mau artista ou, por outro, ator brechtiano — se torna "invisível", "transparente" à personagem. Esta, no sentido

30

exato do termo, **não** é "percebida" (já que é mera ficção); é **apreendida** por atos espontâneos da imaginação dos espectadores que, em virtude desses mesmos atos visando às personagens e não aos atôres, passam a atribuir àquelas e não a estes os gestos e palavras reais. Assim, a entidade constitutiva dos gestos e palavras passa a ser a personagem "fundada" no ator.

De qualquer modo, por mais íntima que seja a fusão e identificação entre a realidade sensível do ator e a irrealidade imaginária da personagem, a metamorfose nunca ultrapassa o plano simbólico. O fato de seres humanos (em vez de cores ou outros materiais) encarnarem seres humanos é um dado básico da antropologia, estudado por inúmeros pensadores, desde George Mead e Huizinga a Plessner e Sartre. O ator apenas executa de forma exemplar e radical o que é característica fundamental do homem: desempenhar papéis no palco do mundo, na vida social. Que a máscara faz a "persona" como o hábito o monge é assinalado de mil maneiras pela língua e G. van der Leeuw afirma que "a filosofia dos trajes é a filosofia do homem. No traje reside toda a antropologia". Quem perde seu traje, ficando desnudo, perde sua face, seu Ego. O ator, ao disfarçar-se, revela a essência do homem: a distância em face de si mesmo que lhe permite desempenhar os papéis de outros seres humanos. O homem — disse Mead — tem de "sair" de si para chegar a si mesmo, para adquirir um Eu próprio. E ele o faz tomando o lugar do "outro". Segundo Nicolai Hartmann, é somente no expandir-se e autoperder-se que a pessoa se encontra a si mesma e somente na identificação consigo mesma ela é uma estrutura capaz de expansão, isto é, um ser espiritual. A autoconsciência pressupõe não-identidade e identidade ao mesmo tempo; a identificação pressupõe a distância.

No momento em que o homem se descobre, ele está além de si mesmo. Conquistando esta "présence à soi", a pessoa se desdobra, se reflete, se fragmenta; é livre, não coincide consigo.

A capacidade de cindir-se é exercida pelo homem nas suas atividades especializadas cotidianas, ao isolar de si mesmo o "pedaço" envolvido na ocupação. No ator, contudo, esse fragmento abrange todo o corpo e toda a vida interior que se tornam materiais da sua arte; ele se cinde, a si, em si mesmo, mas permanece, ainda assim, aquém da fissura. Trata-se de uma entrega controlada, o "pequeno olho vigilante" permanece aberto e fiscaliza a *criação imaginária* que é identificação e não identidade.

A extrema complexidade dos problemas envolvidos desafia qualquer sondagem. Nem o equipamento conceitual usado nos famosos escritos de Diderot ou Coquelin, nem o dos seus adversários "emocionais", estão à altura das dificuldades. Em termos lógicos, os gestos, a mímica e o jogo vocal através dos quais o ator exprime a emoção nunca chegam a ser *sinais* de estados ou atos internos reais, isto é, "sintomas" que anunciam tais estados e atos. Permanecem expressão das *imagens* desses processos íntimos, isto é, *símbolos*. Têm, portanto, caráter "semântico" e não sintomático. É precisamente esta intercalação do mundo simbólico e imaginário que permite ao homem distanciar-se de si mesmo, conquistar a autoconsciência e, deste modo, desempenhar papéis, dar forma à sua atuação.

Todavia, as expressões físicas e vocais — ao contrário das palavras que são quase sempre símbolos — costumam ser, pelo menos na vida real, em certa medida sinais imediatos da realidade (psíquica). Daí a grande força expressiva dos gestos e inflexões da voz. Esta força não se perde no desempenho cênico, embora o sinal passe agora a funcionar como símbolo. E essa intensidade expressiva retroage sobre o próprio ator. Verifica-se uma indução psicofísica, a mútua intensificação dos movimentos físicos e psíquicos desencadeada pela imaginação, a ponto de a imagem da emoção se revestir de toda a aparência da emoção real. A imagem assume formalmente os aspectos dinâmicos da realidade sem, contudo, adquirir o seu "peso material". Cabe, mesmo ao ator emocional, manter-se no limiar da "realização", sem nunca ultrapassá-lo. Se o ultrapassasse, o desempenho passaria a ser auto-expressão, sintoma de emoções reais. Tornar-se-ia, portanto, em mera reação involuntária, "instintiva". Como tal, não possuiria espontaneidade real, ativa, não pertenceria aó reino da arte e do espírito. O desempenho, como articulação simbólica ou linguagem, como obra enfim, tem estrutura teleológica, nexo que é alheio aos movimentos que são sinais. Estes traem o que os símbolos comunicam. Enquanto estes articulam e formulam a emoção, os sinais fazem parte dela. Mas talvez não se deva negar o momento excepcional em que o grande ator, pelo menos em determinada fase da elaboração do papel, supera a dicotomia e alcança um ponto em que liberdade e necessidade coincidem.

Seja como for, o desempenho do ator é uma criação imaginária, espiritual, como a de todo artista. Dentro do sistema de coordenadas esboçado pelo dramaturgo abre-se-lhe um vasto campo de elaboração ficcional para articular e compor as formas simbólicas dos gestos e inflexões vocais, para ritmizar, selecionar, estilizar e distribuir os traços e acentos psicofísicos, cuja melodia integral constituirá a personagem. Não importa se a imagem total se lhe constitui pouco a pouco a partir de pormenores, estes últimos refundidos depois a partir dela, ou se de uma intuição prévia da imagem decorrerá desde logo o conjunto de detalhes.

De qualquer modo, a personagem não "viverá" sem a síntese ativa, produto da espontaneidade livre (para citar a definição clássica da imaginação, ainda repetida por Sartre), porque sem ela o ator não terá a imagem integral da personagem e, assim, não poderá fundir-se com esta, nem tampouco distanciar-se dela, se atuar numa peça de Brecht.

O ator, portanto, não é garção. Participa do preparo do prato. A melhor prova disso é o fato de que quatro grandes atores, mesmo interpretando lealmente o texto, criam quatro personagens profundamente diversas ao representarem o mesmo Hamlet literário.

O problema que se levanta é: de onde, afinal, tira o ator a imagem humana *concreta* de que o autor apenas lhe pode propor o sistema de coordenadas? É de supor-se que, guiado por este, submerja numa realidade fundamental análoga àquela que originalmente inspirou o autor. O texto projeta um mundo imaginário de pessoas e situações que sugere ao ator certa realidade humana que lhe é acessível mercê da sua experiência externa e interna e conforme o nível e riqueza espirituais próprios. À base disso verifica-se o ato criativo: a reconversão da experiência humana, de certo modo da própria realidade íntima, em imagem, em síntese, em *Gestalt* que possibilite a composição simbólica em termos de uma arte diversa daquela do autor. Já não se tratará de encontrar as palavras que constituam a imagem vislumbrada pelo poeta e sim de compor com o material do próprio corpo a imagem de uma pessoa que seja capaz de proferir estas palavras ou, melhor, de que tais palavras, em tais situações, defluam com necessidade. Ao fim, a imagem será dele, ator (e diretor), — transfiguração espontânea, imagem da própria experiência e das próprias virtualidades, dentro das coordenadas propostas pela peça. Não se tratará, evidentemente, da auto-expressão biográfica ou psíquica do ator, como a peça não é a do autor. Mas será a formulação simbólica, a transposição imaginária das próprias e, portanto, das potencialidades humanas que são de todos nós, como seres humanos, e de que todos nós podemos participar. No fundo, o grande ator não tem modelo; o texto da peça não o fornece. A "pessoa" que coloca diante de nós e cujo destino podemos viver intensamente graças à identificação, mas que, ao mesmo tempo, podemos contemplar à distância estética, pelo fato de a identificação ser apenas simbólica — esta "pessoa" o grande ator não a encontrou em parte nenhuma, a não ser dentro de si mesmo. Disfarçando-se, ele se revela, revelando as virtualidades humanas. Demonstra assim que o ator é o homem *menos* capaz de disfarçar-se, em virtude da "porosidade" do seu corpo à vida íntima. E revelando-se, revela duplamente a humanidade: através da *imagem específica* que, inspirado pelo autor, dela apresenta; e através do mero fato de apresentar esta imagem específica *representando*. Ao distanciar-se de si mesmo, celebra o ritual da identificação com a imagem do outro, isto é, do seu tornar-se ser humano. Convida-nos a participar desta celebração; incita-nos a sair de nós, através da identificação com o outro, para reencontrar-nos mais amplos, mais ricos e mais definidos ao voltarmos a nós mesmos.

3

Tornou-se claro que o teatro é uma arte bem diversa da literatura. Se na literatura a palavra é fonte da personagem, no teatro a personagem é fonte da palavra, graças à metamorfose do ator em ser fictício. No palco, a personagem já "fala" antes de pronunciar a primeira palavra. O silêncio do grande ator pode ser mais eloqüente do que centenas de palavras, enquanto na literatura o próprio silêncio tem de ser mediado por palavras. E pronunciando embora o mesmo texto, a personagem dirá outra coisa conforme o ator fôr alto ou baixo, gordo ou magro. A comunicação será em cada caso diversa, visto o público não apreender apenas palavras, na sua forma desencarnada, mas o todo de uma comunicação áudio-visual em que nenhuma parcela pode ser isolada da impressão integral.

O palco encarna sensivelmente os detalhes que a palavra apenas sugere. Daí a necessidade da escolha radical entre mil possibilidades na hora em que o sistema de coordenadas fornecido pelo texto deve ser preenchido pela criação teatral. A indeterminação do esquema projetado pela língua torna possível a grande flexibilidade do *teatro vivo* que pode preencher de mil maneiras os vãos e vácuos deixados pelo texto, conforme a época, a nação, o gosto específico do público local. Por isso, as peças e as representações não envelhecem como ocorre geralmente com os filmes.

Do exposto resulta que o teatro vivo tem direitos em face do texto. Deve respeitá-lo enquanto se trata de uma grande peça, mas deve interpretá-lo e assimilá-lo segundo as concepções de uma arte viva e atual que, a não ser em casos específicos, não se satisfaz em ser museu, visando, ao contrário, a comunicar-se intensamente com o seu público. Essa adaptação, de resto, é inevitável porque cada época interpreta de modo diverso determinada peça. Assim, temos um Hamlet barroco, outro classicista, ainda outro romântico, temos o Hamlet nietzschiano, o psicanalítico e, mais recentemente, o político, tal como surge em países socialistas.

Essa e outras vantagens, que distinguem o teatro e que compensam a desvantagem de não poder competir com os processos das indústrias culturais, lhe advêm do fato de permanecer num estágio artesanal. Graças a isso pode criar ilhas de resistência, de atrito e não-conformismo em face das gigantescas máquinas de conformização que são as indústrias culturais. Há quem ache ridícula a própria tentativa de resistir à engrenagem dessas indústrias, tal como agora funcionam (pois ninguém lhes nega as possibilidades enormes). Essa atitude, que leva à divinização do fato, simplesmente por ser fato, é um conformismo vanguardeiro que se conforma com o conformismo. Precisamente a estrutura artesanal da arte cênica, aparentemente obsoleta e arcaica, resulta em privilégio e superioridade incontestáveis. O próprio método de produção já distingue o produto. Mesmo quando a matéria-prima (a peça) é importada, o espetáculo sempre é feito sob medida, para a região, o país, o público em questão.

Por mais que se destaque a eficácia, a muitos respeitos superior, do cinema, do rádio, da tv, a qualidade artesanal do teatro lhe proporciona um privilégio indelével: a presença viva do homem no palco, a comunicação (não mediada por imagens ou transmissões) entre pessoas encarnando personagens e o público concreto e real, convivendo no mesmo espaço e tempo, apesar de as personagens se moverem em espaços e tempos fictícios. Precisamente hoje é importante repetir esse fato tantas vezes destacado. Decorre daí uma atitude diversa da platéia, outra concentração, outra disposição, outra maneira de ver e ouvir. Por mais que o teatro se tenha distanciado de suas origens rituais, seu público conserva algo da sua qualidade primitiva de *participante* numa realização comum. Sua presença ativa, de certo modo criadora, distingue-se da passividade conformista do público manipulado pelo suave terror totalitário das indústrias culturais.

Graças à comunicação direta e não mediada, baseada no feitio artesanal do jogo cênico, a metamorfose, fenômeno fundamental do teatro, pressuposta mesmo num desempenho que tende ao distanciamento, pode ser suspensa de um modo inexeqüível na comunicação mediada e indireta das indústrias culturais. Essa peculiaridade do teatro tem sido modernamente aproveitada para acentuar o que no fundo lhe é inerente — a direção pronunciada e explícita ao público a fim de obter uma comunicação nova, no plano empírico da realidade atual, rompendo a identificação dos espectadores com o mundo fictício. De certo modo nunca houve homens de teatro mais tradicionalistas do que Brecht, Claudel ou Suassuna, ao confrontarem a comunicação do mundo fictício das personagens representadas com a comunicação direta entre as pessoas que representam no palco e as pessoas que participam na platéia. Inspiram-se eles nas próprias fontes do teatro. Às mais antigas formas da comédia grega pertence a "agressão através da parábase", originalmente talvez uma procissão de jovens exaltados "que, embriagados, insultaram os seus compatriotas" [6]. Depois, na comédia, já organizada em forma propriamente teatral, os atores tiraram durante o interlúdio córico da parábase a máscara, tornando-se porta-vozes diretos do autor.

No entanto, só quem colocou a máscara pode tirá-la. Só quem se metamorfoseou pode distanciar-se. A máscara, a trágica e a cômica, é por assim dizer o brasão de Dioniso, a cujo culto se atribui a origem do teatro grego e ocidental. Com efeito, o teatro grego nasceu do coro ritual que entoa cantos e executa danças, em homenagem ao deus da fertilidade, do vinho, da embriaguez e do entusiasmo. É no estado da exaltação, da fusão e união místicas, do entusiasmo (isto é, do estar-em-deus ou do deus-estar-em-nós), é neste estado do êxtase (do estar-fora-de-si) que o cren-

(6) Benjamin Huninger *The origin of the Theater*, Dramabook, Nova York, 1961.

te se transforma em outro ser, se funde com o outro —— não só com os companheiros presentes e sim também com o próprio deus chamado à presença pelo ritual. Fusão e identificação concretizada pela ingestão da carne do animal que representa (ou que é) o deus. Este êxtase e entusiasmo ainda se manifestam quando o teatro deixa de ser ritual, quando, portanto, em lugar da presentação ou presença da divindade ou dos heróis míticos se trata apenas da representação dos seres superiores. Algo desse entusiasmo ainda se nota quando João da Silva põe a máscara da maquiagem e, disfarçando-se, se transforma em Macbeth ou Zé do Burro.

Mas este disfarce é ao mesmo tempo uma revelação. João da Silva precisa encobrir a sua particularidade, o seu papel civil ou social, a máscara do cidadão brasileiro ou inglês, para assumir o papel terrível ou hilariante do personagem, mercê do qual representa exemplarmente a condição humana, as vicissitudes trágicas ou cômicas da nossa existência. Ao apagar-se o cidadão real, ao encobrir-se a máscara empírica pela máscara dramática, transparece a verdade mais profunda da ficção que se adensa em Tartuffe ou Julieta. É na máscara da ficção que está a verdade. Diz-me que máscara pões no Carnaval e eu te digo quem és, com que sonhas, o que desejas.

Vimos que essa metamorfose do ator em personagem representativo do ser humano não é só dele. Também o público se identifica com os personagens fictícios. Todos participam da transformação. Todos vivem intensamente a condição humana nos seus aspectos trágicos e cômicos. Até hoje o grande espetáculo teatral tem ainda esse lado de celebração. Os espectadores esquecem os seus papéis particulares de fiscais de renda, comerciantes, pais, filhos: libertam-se da sua condição particular; e participando do destino exemplar dos heróis, vivem a essência da condição humana. Todavia, é claro que a metamorfose não é real. João da Silva apenas representa Macbeth, ele não o é. A transformação, tanto a sua como a nossa, é, como vimos, apenas simbólica. O processo mantém-se, em todos os momentos, no domínio da imaginação. Tanto os atores como o público, no mais intenso êxtase e no auge do auto-esquecimento, se reservam uma margem de lucidez e distância.

Se Dioniso é o deus da fusão e do abraço ébrio, Apolo é o deus da distância e da lucidez. O teatro grego, ao unir o canto e a dança do coro e o diálogo dos atores, uniu o mundo telúrico-demoníaco de Dioniso e o mundo olímpico de Apolo, o mundo da natureza e o mundo do espírito. E neste sentido, o teatro representa exemplarmente este ser dúplice que é o ser humano.

A partir daí revela-se, como já foi mostrado, um novo aspecto da metamorfose. Ela é, de certo modo, a origem do ser humano. Vimos que o homem só se torna homem graças à sua capacidade de separar-se de si mesmo e de identificar-se com o outro. O animal vive maciçamente idêntico a si mesmo, não tem a capacidade do homem de desempenhar papéis, de libertar-se da sua unidade natural, de projetar-se além de si mesmo. É preciso desdobrar-se, ter liberdade para conquistar um mundo imaginário, projetar-se além para tomar posse do reino espiritual. Em todo verdadeiro ato de comunicação, enquanto permaneço eu, preciso assumir o papel do outro, pressentindo o que o outro espera de mim e vivendo a intimidade do seu sofrimento e da sua alegria. Só através desse ato de empatia é possível o verdadeiro diálogo com o outro. O significado do termo hipócrites (ator) era originalmente o de "respondedor". Mas para responder, corresponder ao outro, entrar em diálogo com ele, é preciso ser ator, é preciso saber assumir papéis.

O diálogo é uma das convenções essenciais do drama. O texto dramático, mesmo nas suas formas épicas que introduzem a narração, é inimaginável sem o diálogo. Este, se de um lado é a forma imediata da comunicação humana, é de outro lado, particularmente no seu significado dramático, expressão do conflito, do choque de vontades, da discordância. Se a epopéia, a grande narrativa mítica, é manifestação da unidade primeva do logos, no drama, que surge em fases posteriores, já se manifesta o dia-logos, o logos fragmentado, o surgir de valores contraditórios, defendidos por vontades e paixões antagônicas. No entanto, o logos, embora já dicotômico, continua espírito e como tal possibilita a comunicação além das paixões em choque, além dos impulsos em conflito. A divisão que se estabelece no cerne do diálogo, enquanto ao mesmo tempo separa e une, é um dos fenômenos fundamentais tanto do teatro como do homem. Revela-se nisso a duplicidade humana de um modo semelhante àquela que se manifesta no "sentimento misto" em face do sublime, tão bem descrito por Schiller. O sentimento de prazer e desprazer diante do infinitamente grande ou poderoso, analisado por muitos esteticistas e sobretudo por Kant, se define para Schiller como uma composição de dor, que no seu grau mais elevado se externa como horror arrepiado, e de júbilo, que pode elevar-se ao arrebatamento. Essa associação de dois sentimentos contraditórios numa só emoção provaria, segundo Schiller, a nossa autonomia espiritual. Visto ser impossível que o mesmo objeto (sublime) se nos apresente duplo e dividido, segue que nós mesmos nos encontramos em duas situações opostas face ao objeto, de modo que duas entidades opostas se associam em

41

nós. Estas, ao se defrontarem com o objeto, mostram uma reação contrária: o homem físico e o espiritual, diante do sublime, se opõem com veemência; pois no exato momento em que aquele sente dolorosamente os seus limites, por não poder apreender o infinito, o outro experimenta jubilosamente a sua força e sente-se infinitamente elevado por aquilo que humilha a sua natureza material.

A duplicidade exposta permite ao homem elevar-se além da sua condição natural, através do espírito e da sua capacidade de expansão ilimitada além de si mesmo. Mas nem por isso continua um ser natural, finito, limitado. Essa contradição entre a finitude da sua natureza e a expansividade infinita do seu espírito é a raiz tanto da tragédia como da comédia. Na tragédia participamos do naufrágio do herói. Ele aspira ao infinito com soberba desmedida (*hibris*) ou como ser moral inflexível que, testemunha de um mundo superior, não se sujeita aos impulsos terrenos da sua natureza psicofísica. Mas essa opção pelo eterno contradiz a sua finitude imersa na temporalidade. O naufrágio é inevitável, a fragilidade humana é desmascarada. Entretanto, no fracasso trágico se revela a infinita dignidade espiritual do homem. A grandeza sublime do herói sacrificado suscita em nós o sentimento misto descrito por Schiller. Sentimo-nos dolorosamente aniquilados na nossa frágil natureza física e sentimo-nos exaltados na nossa condição de seres espirituais capazes de opções absolutas, tais como refletidas na vontade inquebrantável do herói.

Já na comédia é a própria dignidade, enquanto superficial e arrogada (principalmente a que provém de posições sociais), que é desmascarada, revelando-se a sua condição precária. Enquanto ser espiritual, o homem traça planos vastos e gloriosos, mas precisamente por isso não vê a realidade imediata. Ser espiritual, paira nas alturas, distraído do mundo material, e de repente o seu corpo, sujeito às leis da gravidade, se estatela no chão, devido a uma casca de banana, ou se desmonta ao investir contra moinhos de vento. O guarda-chuva, cuidadosamente elaborado pelo engenho humano, protege da chuva o digno portador; mas vem a cega força natural do vento e, sem respeitar a dignidade, vira o utensílio às avessas, para gáudio dos circunstantes. Parágrafos cuidadosamente estudados e convenções severas, longamente estabelecidas, protegem a dignidade do marido; mas vem o jovem galã, desencadeia-se a cega força natural dos impulsos e entre os parágrafos brotam os chifres, para gáudio dos que se sentem seguros.

A duplicidade humana é ao mesmo tempo trágica e cômica. Nela reside a grandeza e a fraqueza do homem. Nas suas formas fundamentais da tragédia e da comédia, ainda modelares embora abaladas por uma nova visão do homem e do universo que se manifesta na tragicomédia grotesca, o teatro tem por tema a mesma duplicidade de que se originou e de que se nutre. Apesar de todas as modificações, seu eterno enredo é a sua própria essência. Nascido da máscara e tendo nela o seu fundamento, o teatro nos fala incessantemente de máscaras, enquanto as põe e tira. O tema do teatro é o próprio teatro — o mundo humano; o tema do ator, o próprio ator — o homem.

O TEATRO AGRESSIVO

1 A Tradição da Violência.

Um dos traços mais característicos do teatro atual é a sua crescente violência e agressividade. O fenômeno é universal e se manifesta também no Brasil. A agressão pode verificar-se de duas maneiras. Ela pode manter-se dentro dos limites do palco, atacando o público de um modo *indireto*, pelo palavrão, a obscenidade (*Volta ao Lar, Navalha na Carne*) etc., ou pela veemência da sátira ou acusação dirigidas contra personagens cênicas que representam amplas parcelas do público (p. ex. o diretor do hospício da peça *Marat-Sade* ou certas personagens caricatas de *O rei da vela* que ridicularizam determinadas camadas paulistas).

A outra maneira, muito atual, freqüentemente fundida com a primeira, leva a violência além do palco. A agressão é *direta*, atravessa a "ribalta" e visa de forma crassa aos espectadores presentes (concebidos em geral como representantes de classes ou camadas sociais). Como caso extremo, neste sentido, pode ser citada a peça alemã *Insulto ao público* em que os atores, como porta-vozes do autor Peter Handke, agridem o público de cara, com expressões ofensivas (ou como tais usadas) como germanos murchos, caras de bofetada, malandros, trastes rejeitados pela civilização ocidental, assassinos, bestas, porcos nazistas, hordas vermelhas, puxa-sacos, centopéias, zeros, sifilíticos, esclerosados, fascistas, pestes, abortistas — isso para só citar algumas palavras citáveis, entre as quais se encontram ainda, como suprassumo do insulto, as de "senhoras e senhores". A agressão direta pode, evidentemente, dispensar a palavra e verificar-se através de movimentos, gestos e ruídos chocantes ou mediante toda uma série de comportamentos que envolvem o público diretamente visado (a moldura do palco é furada por objetos arremessados à platéia, os atores descem à sala e sacodem espectadores etc.).

José Celso Martinez Correa, que no Brasil se tornou expoente virulento desse tipo de teatro, destaca que *O rei da vela*, peça da qual foi o encenador, "agride intelectualmente, formalmente, sexualmente, politicamente. Isto é, chama muitas vezes o espectador de burro, recalcado e reacionário"[1]. Em várias entrevistas acentuou que pretende esbofetear o público e fazê-lo engolir sapos e até jibóias. É preciso salientar que não se pretende "retirar as cargas explosivas de todas as inovações", quando se incorporam os processos agressivos numa tradição, segundo a crítica que

---

(1) V. *Aparte*, nº 1; todas as citações de José Celso são extraídas da entrevista publicada neste periódico.

José Celso faz ao crítico Décio de Almeida Prado. O fato é que é dever do crítico referir os processos criativos à tradição para poder distinguir o que é novo. O novo só se destaca do pano de fundo do já feito. Não se diminuem os méritos de José Celso, notável diretor do Teatro Oficina, quando se demonstra que o próprio Aristófanes já agrediu os atenienses nas suas famosas parábases, chamando-os de desleais, injustos, ingratos, desavergonhados etc., — para não mencionar as obscenidades da sua dramaturgia, as quais, na época em que escreveu as suas comédias, apesar da sua raiz ritual, já devem ter exercido certo efeito chocante, visto o próprio autor criticar as obscenidades dos seus colegas e concorrentes.

O teatro agressivo tem, de fato, a grande tradição do antitradicionalismo e antiacademismo, típica da arte moderna, cujos movimentos vanguardeiros muitas vezes se distinguem pela revolta violenta. A ruptura com os padrões do "bom comportamento", do "bom gosto" e da "ordem consagrada" é traço essencial da maioria dos movimentos artísticos do nosso século, desde o futurismo, expressionismo e dadaísmo. Tristan Tzara e seus amigos se propuseram especificamente a promover "noites de injúrias" a fim de flagelar e irritar o público. O teor de violência inerente ao surrealismo é conhecido. Seus expoentes exaltam, como os do futurismo, a agressão e a brutalidade. Marcel Duchamp por sua vez declarou que um dos fins principais da sua vida consistiu em "uma reação contra o bom gosto". O mesmo protesto caracteriza também o expressionismo que se dirige contra todas as normas de imitar e configurar o mundo. Daí a destruição e deformação da realidade empírica, processo em que se exprime entre outras coisas um protesto veemente contra toda a civilização ocidental e burguesa.

No teatro essa revolta se manifesta no mínimo desde Alfred Jarry e seu *Ubu Roi,* deflagrando depois, vigorosa, em obras de Apollinaire e Roger Vitrac. Em *Victor, ou les enfants au pouvoir* (Vitrac, 1928) uma bela moça se mostra incapaz de dominar a prisão de ventre. Vitrac estava ligado a Antonin Artaud, principal representante teórico do teatro violento, concebido como "foco de perturbação" e "irrupção vulcânica". Artaud influiu fortemente em Jean Genet, Peter Brook e José Celso, sem que se queira dizer com isso que todos tenham interpretado corretamente as intenções do grande propugnador de um teatro "total", antiliterário, baseado sobretudo na direção. Adepto da teoria da catarse, Artaud se empenha por um teatro concebido como espelho do inconsciente coletivo, capaz de libertar os recalques a ponto de, tal como a peste, impelir o espírito para a fonte originária dos conflitos. Como por meio da peste um abscesso gigantesco seria coletivamente drenado, assim "o teatro foi criado para extinguir abscessos coletivamente". A ação do teatro, tal como a da peste, "é benéfica pois, ao compelir os homens a verem-se tais como são, faz que a máscara tombe, põe a nu a mentira, o relaxe, a baixeza e a hipocrisia deste nosso mundo..." [2]. Ligado ao surrealismo, Artaud prega o "teatro da crueldade" (não é aqui o lugar para definir este termo complexo, tal como usado por ele), um teatro mágico-onírico capaz de libertar as obsessões, o terror e a violência contidos nos nossos sonhos emanados do inconsciente. "É com a intenção de atacar, por todos os lados, a sensibilidade do espectador que advogamos um espetáculo repugnante que, em vez de tornar o palco e o auditório dois mundos fechados, sem comunicação possível, dissemine as suas explosões visuais e sonoras sobre a massa inteira dos espectadores."

(2) Artaud, *O teatro e seu duplo*, Lisboa, Ed. Minotauro.

2   O Manifesto de José Celso.

Artaud e Brecht coincidem na sua luta contra o teatro digestivo ou culinário, assim como na tendência de obter uma nova relação entre palco e platéia. O desempenho épico, com direção ao público, o envolvimento deste num plano que suspenda a separação entre ator e espectador e force este a tomar parte mais ativa na ação, ultrapassando a identificação passiva da contemplação "desinteressada" — todas essas concepções, em parte já lançadas por futuristas, e elaboradas por Brecht, correspondem de um ou outro modo às teses de Artaud [3].

Poder-se-iam encontrar outras analogias entre Brecht e Artaud. O que, no entanto, os separa radicalmente é o racionalismo crítico do primeiro e o irracionalismo "incandescente" do segundo; a severa disciplina estética e intelectual daquele (pelo menos na sua fase madura) e o impulso anárquico deste. Brecht criou um teatro sócio-político, de tendência imanentista, Artaud imagina um teatro essencialmente metafísico. É verdade, também Brecht procura atingir o público através de recursos de choque, mas estes se dirigem sobretudo à sensibilidade, à imaginação e ao intelecto concebido como faculdade superior do ser humano, aliás de modo algum separada do domínio dos impulsos e emoções. O teatro agressivo, ao contrário, tende a golpear ou pelo menos coçar os nervos, o estômago e outros órgãos

---

(3) Para obter tal relação nova, Artaud exigiu a substituição de palco e sala por "uma espécie de local único, sem separações nem barreiras de nenhuma espécie..." Estabelecer-se-ia uma comunicação direta "entre ator e espectador, pelo fato de este, colocado no meio da ação, ser por ela envolvido e afetado". Brecht, no entanto, tende a preferir o palco à italiana, isto é, o palco ilusionista, provavelmente para, usando a ilusão, rompê-la. A participação a que Brecht visa é crítica, ao passo que Artaud, desejando criar uma nova ilusão, pensava numa participação mágico-ritual.

geralmente considerados como pouco relevantes para a apreciação estética.

José Celso, a julgar pelas suas últimas encenações (o gigantesco boneco de *O rei da vela* corresponde a recomendações de Artaud) e pelo seu manifesto-entrevista, segue muito mais a linha do teórico francês do que a do dramaturgo alemão, criando embora uma forma original, bem brasileira de encenação. Com efeito, o diretor confessa que "hoje não acredito mais na eficiência do teatro racionalista". É verdade que tampouco acredita no "pequeno teatro de crueldade", mas isso não se refere a Artaud, cuja concepção é tudo menos pequena. O que José Celso exige é "um teatro de crueldade brasileiro", "teatro anarquico, cruel, grosso como a grossura da apatia em que vivemos". O famoso violão-projétil de Sérgio Ricardo, quebrado de encontro à cara do público, precisa multiplicar-se, segundo José Celso. Considerando o público a que se dirige, a eficácia de uma peça não se mediria pela exatidão sociológica (ou seja, pela sua verdade), "mas pelo nível da agressividade". "Não se trata mais de proselitismo, mas de provocação", cabendo ao teatro "degolar, na base da porrada", a classe média que freqüenta os teatros. "O sentido da eficácia do teatro hoje é o sentido da guerrilha teatral. Da anticultura, do rompimento com todas (as) grandes linhas do pensamento humanista. Com todo (o) descaramento possível, pois sua eficácia hoje somente poderá ser sentida como provocação cruel e total", através de uma arte que "será ameaçadora, perigosa" e que "testemunhará... toda esta fase violenta e descarada que o Brasil e o mundo estão atravessando..."

3 Motivos e Recursos Estéticos da Agressividade.

Entende-se a ira deste (e de outros) *angry young man* em cujo manifesto transparece algo dos motivos profundos do teatro agressivo atual. O impulso criativo e o potencial de forças devem ser investidos "no sentido de deixar vir nossa ira recalcada à tona". Não se pode deixar de notar o senso de justiça e o *pathos* da sinceridade que se manifestam muitas vezes através da irrupção dessa ira vomitando visões obscenas, blasfemas e asquerosas. Em alguns casos parece revelar-se um desejo quase religioso de catarse, de uma grande purgação coletiva; desejo que não hesita em transformar o palco, eventualmente, em verdadeiro purgante, em lugar escatológico, tanto no sentido fecal como religioso. O impulso de arrancar a máscara de um mundo mentiroso, cínico e hipócrita é legítimo. A máscara — símbolo do teatro e de Dioniso, deus do teatro — sempre serviu para desmascarar as aparências e convenções e revelar a verdade. Não há dúvida que o morno conformismo de amplas camadas saturadas, mantido em face de um mundo violento e ameaçador, repleto de miséria terrível, exige recursos fortes para ser abalado. Mesmo um crítico equilibrado como Eric Bentley, considera o artista um "caráter perigoso" e a arte uma "atividade subversiva". "Quanto maior o artista, tanto maior o transtorno." Bentley, este norte-americano tão cheio de senso comum, não hesita em declarar que "o teatro é o lugar para o anarquista jogar sua bomba".

A "ira recalcada" de José Celso decerto se liga também a um sentimento de urgência. Profundas mudanças sócio-culturais se verificam com uma velocidade nunca antes conhecida, devido às várias revoluções científicas, técnicas e industriais dos últimos dois séculos. Encontramo-nos num limiar cultural, enfrentando crises imprevisíveis, crises talvez só comparáveis àquelas que abalaram todas as estruturas na época neolítica, quando a cultura dos caçadores foi substituída por aquela dos camponeses e pastores. No entanto, os que dirigem os destinos dos povos — em geral demasiado velhos para sequer entender a linguagem da juventude, fincados ainda, em face da velocidade das mudanças, numa cultura quase arcaica, totalmente diversa daquela dos jovens — pensam em reformas, na medida em que nelas pensam, em termos de décadas, quando hoje se impõe pensar em termos de anos e meses. Na época do biquíni, quando uma moça de 14 anos explica ao pai enrubescido o que (e para que fim) se encontra na caixa do freguês asiático do bordel parisiense, no filme de Buñuel, a censura defende ainda preceitos da era vitoriana.

É dever dos intelectuais e artistas, cujas funções incluem a da crítica, analisar criticamente semelhantes contradições e, se necessário, manifestar a sua revolta em face delas. Cabe-lhes advertir e chamar a atenção sobre a necessidade urgente de adaptar, na medida do possível, a realidade aos valores oficialmente consagrados (p. ex., democracia, igualdade, liberdade) e quase sempre inscritos nas próprias constituições. É imperativo categórico, para o intelectual e artista, desmascarar a perversão semântica dos termos e o uso mistificador das idéias e dos ideais. Quando a tensão entre as metas e a realidade, entre a verdade e a retórica, entre a necessidade de transformações e a manutenção do *status quo*, entre a urgência da ação e o conformismo geral se torna demasiado dolorosa, são inevitáveis a "ira recalcada" e a violência das manifestações artísticas.

No uso do palavrão, indispensável na correta abordagem dramatúrgica de certos ambientes (que não podem ser vedados à arte) exprime-se, ademais, o curto-circuito da explosão irada que despreza a metafórica ornamental de eufemismos elegantes; a aspiração à verdade, o cansaço de circunlóquios manhosos, o desejo de abalar convenções tidas como ultrapassadas, de revoltar-se contra as repressões institucionalizadas e contra a censura interna e externa. Manifesta-se neste emprego ainda a vontade de, através do choque, romper a moldura estética a fim de tocar a realidade. É evidente que este recurso, geralmente ligado ao uso agressivo do obsceno, do repugnante e da blasfêmia, somente merece ser defendido quando tenha relevância como elemento significativo dentro do contexto de uma verdadeira obra-de-arte de cuja totalidade lhe vem o sentido. Sem isso se tratará de mera pornografia, de subliteratura ou subteatro.

Entretanto, dentro da obra-de-arte moderna, o obsceno, o repugnante e mesmo a blasfêmia, além de sua eventual necessidade proveniente do contexto (quando se trata de manifestações de personagens tais como rufiões, neuróticos, angustiados em crise religiosa etc.), podem ter ainda o significado específico de uma agressão destinada a romper os padrões da estética tradicional que concebe a arte como campo lúdico isolado da vida real. A essa esfera segregada do objeto (ou da representação) artístico corresponde, no que tange aos apreciadores, a teoria clássica do "agrado desinteressado", ressaltado particularmente por Kant. Trata-se de um "prazer estético" que, protegido pela moldura do campo lúdico, nunca chega a impelir os nossos impulsos em direção ao real, já que a mera "aparência", a mera ficção e representação não atingem à nossa vontade (esta sempre é "interessada" na presença real dos objetos, não se satisfazendo com a sua representação). Atingem apenas à sensibilidade, à imaginação e ao entendimento, faculdades cujo jogo harmônico, ligado à pura contemplação do objeto, nos proporcionaria aquele prazer destituído do interesse vital.

A arte moderna parece esforçar-se por ultrapassar este campo lúdico. Por isso mesmo insiste em produzir *frissons* e choques a fim de suscitar realidade. O obsceno tende a romper a moldura daquele agrado desinteressado, isto é, de um prazer que não atira os nossos impulsos em direção ao real. Segundo alguns antropólogos, certas cores e sons, que no mundo animal suscitam reações vitais (sexuais), exerceram originalmente efeito semelhante também sobre o *Homo sapiens*. Somente em fases tardias o homem "desligou" tais reações suscitadas por determinados estímulos, os quais, desta forma, de vitais se transformaram em puramente estéticos. O choque do obsceno seria capaz de reconquistar a dimensão do estímulo vital, provocando uma reação "interessada", isto é, uma atitude não meramente contemplativa.

Kant, de resto, não se dirige explicitamente contra o obsceno, mas somente contra um único tipo do feio (o feio é uma categoria estética importante, tanto dos estilos modernos como do barroco, para não falar dos monstros mitológicos, tão importantes na arte antiga). O feio não é necessariamente uma *negação do estético*. Dentro do contexto pode assumir, bem ao contrário, a função de *negação estética*. Assim, na pintura medieval o diabo tinha que ser feio e mesmo horrendo. O único tipo do feio não admitido por Kant é o repugnante. Este, suscitando nojo (reação vital negativa), impõe a realidade, visto que neste caso "a representação artística do objeto já não pode ser diferenciada, na nossa sensibilidade, da própria natureza do objeto como tal", isto é, o asco, como reação vital, impede a atitude contemplativa e com isso a atitude desinteressada e a ilusão estética. · A inclusão consciente do nauseabundo na arte atual (pense-se, p. ex., nos romances de Sartre e Grass) tem razões variadas (algumas delas filosóficas). Ela é característica, de qualquer modo, de uma arte que não admite ser confinada à esfera lúdica, procurando ultrapassá-la para infundir-lhe mais virulência e poder agressivo. Tal como o grotesco, que particularmente desde o romantismo se tornou valor estético importante, o feio veio a ser, portanto, categoria indispensável de uma arte anticlássica como a atual.

Funções semelhantes exercem o obsceno e a blasfêmia (esta, precisamente pela negação, invoca poderosamente a presença da esfera religiosa). Trata-se em todos os casos de um protesto, de uma provocação (para falar com José Celso), de uma atitude inconformista, da imposição violenta da realidade, nos seus aspectos vitais, religiosos, morais, assim como da representação contundente da decomposição dessas realidades. Categoria importante, na arte moderna, é também o humor negro que se enquadra perfeitamente nas concepções expostas. Este tipo de humor torna-se chocante devido ao modo sereno, indiferente ou mesmo alegre e satisfeito com que são apresentados aspectos tétricos da realidade. O humor negro revela um mundo perverso através da própria perversidade da maneira de revelar. Os aspectos horrendos do mundo não devem ser humanizados através do enfoque "poético" e embelezador que tende a dar sentido mesmo ao absurdo. O assassínio em massa não deve ser encampado pela compaixão sem compromisso e pela retórica oficial do "eles não morreram em vão". O *ethos* do humor negro é a convicção de que seria desumano humanizar o desumano e que seria obsceno, num sentido mais fundamental, suscitar prazer estético através da representação piedosa e perfumada do terrível.

4 Observações críticas.

Reconhecer a eventual viabilidade estética de um teatro agressivo e violento, assim como os motivos freqüentemente justos da sua manifestação, não implica acreditar, desde logo, no seu valor geral e na sua eficácia necessária, no sentido de abalar o conformismo de amplas parcelas do público. A violência pode certamente funcionar — e tem funcionado — no caso de peças e encenações excelentes ou ao menos interessantes. O mérito de José Celso no terreno artístico é indiscutível. Mas fazer da violência o princípio supremo, em vez de apenas elemento num contexto estético válido, afigura-se contraditório e irracional.

Contraditório porque uma violência que se esgota na "porrada" simbólica e que, por falta de verba, nem sequer se pode permitir o arremesso de numerosos violões, tendo de limitar-se ao lançamento de palavrões e gestos explosivos, é em si mesma, como princípio abstrato, perfeitamente inócua. Contraditório ainda porque a violência em si, tornada em princípio básico, acaba sendo mais um clichê confortável que cria hábitos e cuja força agressiva se esgota rapidamente. Para continuar eficaz — isto é, chocante — ela teria de crescer cada vez mais até chegar às vias de fato. Num *happening* desta ordem a companhia deve nutrir duas esperanças contraditórias: 1) (por razões de eficácia e orgulho profissional) a de que o público, vigorosamente provocado, responda com vigor e 2) (por razões financeiras) a de que haja um número bem maior de espectadores do que de atores, de modo que estes apanhem violentamente.

Além disso é completamente irracional uma violência que, desligada da "exatidão sociológica" e, possivelmente, da validade artística e da interpretação profunda da realidade, se apresenta como único critério da eficácia de uma peça. É irracional na medida em que é concebida apenas como explosão de "ira recalcada", sem ser posta a serviço da comunicação estética, incisiva e vigorosa, de valores positivos ou negativos, valores em conflito, valores criticados ou exaltados. A mera provocação, por si só, é sinal de impotência. É descarga gratuita e, sendo apenas descarga que se comunica ao público, chega a aliviá-lo e confirmá-lo no seu conformismo. O público burguês, de antemão informado pela crítica e pelos conhecidos, paga dinheiro para ser agredido e insultado e os *gourmets* em busca de pratos requintados adoram engolir sapos e jibóias, quando não há necessidade de esforço intelectual. Quanto à companhia teatral, fornece docilmente os insultos e sapos encomendados. Deste teatro neoculinário, que estabelece uma situação morna de conluio sadomasoquista, o público burguês acaba saindo sumamente satisfeito, agradavelmente esbofeteado, purificado de todos os complexos de culpa e convencido do seu generoso liberalismo e da sua tolerância democrática, já que não só permite, mas até sustenta um teatro que o agride (no íntimo, porém, sabe perfeitamente que um teatro que é provocação, apenas provocação e nada mais, não o atinge de verdade).

Estas observações críticas deveriam ter sido formuladas na forma do condicional, já que não se referem a *quase* nenhuma realidade teatral presente. Referem-se, em essência, a um teatro imaginário, tal como provavelmente viria a se constituir se com rigor se baseasse nas exposições teóricas de José Celso.

A VISÃO GROTESCA

1

A arte e literatura grotescas, à semelhança das criações do maneirismo, tornaram-se no nosso século objeto de uma valorização extremamente positiva. Ao surto criativo, no terreno do grotesco, corresponde mais recentemente também a apreciação favorável por parte dos teóricos. O grande número de obras dedicadas ao maneirismo e agora também ao grotesco — merecendo destaque especial o livro de Wolfgang Kayser [1] — corresponde evidentemente a um interesse profundo da nossa época. Os dois conceitos definem

(1) Wolfgang Kayser. *Das Groteske*. Hamburgo, 1957.

uma arte fortemente antiacadêmica e contrária aos padrões clássicos. A arte grotesca, nas suas formas mais extremadas, certamente é manifestação de crises profundas, da mesma forma como o maneirismo que, segundo Arnold Hauser, é "a expressão da crise que convulsiona toda a Europa Ocidental no século XVI".

O conceito do grotesco quase se impõe para apreciar de forma adequada boa parte da arte moderna. Como exemplo pode servir a dramaturgia de autores como Alfred Jarry, Ionesco, Adamov, Beckett que se integra num contexto maior quando vista na perspectiva dessa categoria. Ocorre à lembrança o "Teatro del grottesco" dos Chiarelli, Nicodemi etc., para não falar do maior, Pirandello, que, caracteristicamente, se fez notar durante e depois da primeira guerra mundial. Na Alemanha há uma linha grotesca específica, cujo fulcro dramatúrgico moderno é Franz Wedekind — linha desviada pelas intenções puramente satíricas de Carl Sternheim e pelos intuitos didáticos de Bert Brecht. Este apresenta um mundo demasiadamente *explicado* para que o cunho grotesco de certas das suas obras possa adquirir importância. O conceito da alienação — um tanto gasto, mas indispensável — é fundamental neste nexo. Brecht, porém, torna o mundo desfamiliar a fim de explicar e orientar. Na arte grotesca dá-se o contrário: ela tende a exprimir precisamente a desorientação em face de uma realidade tornada estranha e imperscrutável. Neste sentido é particularmente característica a obra do narrador e poeta Günter Grass, cuja visão grotesca do mundo e do homem se adensa no seu extraordinário humor negro.

Também as histórias da carochinha apresentam um mundo fantástico e estranho, sem que por isso se afigurem grotescas. Evidentemente porque são em si coerentes e seguem suas próprias leis que não entram em conflito com as da realidade empírica. O reino dos dragões e fadas não colide com o nosso mundo, tampouco como o das fábulas em que os animais falam como gente. Na arte grotesca, porém, há o entrechoque entre as duas esferas. O fantástico, monstruoso, macabro, excêntrico, obsceno invadem nossa realidade cotidiana, as suas leis de repente estão suspensas, a ordem habitual das coisas se desfaz. É daí, ante a alienação surpreendente do *nosso* mundo, que decorre a reação de horror, espanto, nojo e, por vezes, de riso arrepiado. Mesmo nos graus atenuados do grotesco, de tipo mais lúdico ou satírico, não podemos deixar de sentir um ligeiro estremecimento, ante o espetáculo descomunal de um mundo, cujas categorias básicas perdem a sua validade.

É exatamente isso que se dá quando o pobre Pedro de Wilhelm Busch fica congelado ao patinar num dia de frio intenso e, depois de levado para casa, se derrete de modo tão completo que os pais, em vista dessa transformação radical do estado fisioquímico de seu filho, acabam colocando-o, na adega, num vaso de conservas, entre o queijo e os pepinos. Isso não "era uma vez"; o criador de *Max e Moritz* timbra em salientar que o caso se deu no ano histórico de 1812. De resto, toma a atitude distanciada de um repórter que relata, com versos e ilustrações, secamente o caso de um rapaz "inicialmente duro" que se torna "macio como manteiga" — exemplo drástico de humor negro.

As relações entre Wilhelm Busch e Wedekind são remotas. Mas é fácil mostrar a linha que liga Wedekind e os bonecos do seu teatro a Georg Büchner — tão elogiado por Ionesco. Büchner, por sua vez, segue os passos de Reinhold Lenz (1751-1792), sobre o qual escreveu uma novela e cuja peça *Der Hofmeister* foi adaptada por Brecht. Lenz fazia parte do movimento pré-romântico "Sturm und Drang" (Tempestade e Impulso), nome tirado do título de uma peça de F. M. Klinger (1752-1831). Alguns diálogos dessa obra poderiam constar de qualquer das antipeças de Ionesco.

Os dramaturgos do "Sturm und Drang", se de um lado se inspiraram no forte elemento grotesco de Shakespeare, de outro lado mostram a influência do mundo quimérico da Commedia dell'arte, particularmente no excêntrico estilo da movimentação das figuras. Traçando tais linhas, esclarece-se uma vasta rede de interdependências e afinidades: a Commedia dell'arte encontrou um ilustrador famoso que se coloca entre Pieter Breughel e o Goya dos *Disparates*. Este ilustrador foi Callot. E. T. A. Hoffmann, um dos maiores representantes do grotesco macabro, publicou cerca de 200 anos depois as suas *Peças fantásticas à maneira de Callot*.

Todavia, não será um disparate tecer relações entre a Commedia dell'arte e a transformação disparatada de Pedro, ser humano feito à semelhança de Deus, em conserva enlatada? Mas é preciso ver somente as ilustrações de Callot para perceber a relação. As figuras não são apenas excêntricas e caricatas; as suas máscaras dão-lhes, sobretudo, o aspecto de animais estranhos, de aves de pesadelo, por vezes semelhantes a morcegos; os seus gestos têm afinidade com os de marionetes, parecendo rígidos, excessivos e de uma elegância ao mesmo tempo infra e sobre-humana (como os fantoches de que fala Kleist). Os seres perdem o seu aspecto familiar, há uma completa subversão da ordem ontológica. A desproporção no miúdo sugere uma desarmonia universal. Como nas peças grotescas de Wedekind já não é apenas a besta que transparece através do ser humano, mas a mecânica de molas e alavancas; o homem se reduz a um autômato movido por forças misteriosas. A equiparação de Pedro aos petiscos enlatados, por mais ridícula que seja no caso, transtorna a hierarquia dos seres e o mesmo fenômeno resulta quando o mundo orgânico se confunde com o anorgânico, quando o mecanismo adquire vida e a vida se enregela e se converte em mero agregado material.

É essa visão dos seres humanos como fantoches que dá ao *Woyzerck* de Büchner — em conjunção com o forte cunho realístico — o caráter grotesco. Tanto o capitão como o doutor e o tambor-mor são personagens construídos à base de poucos traços rígidos; cada qual vive em função de determinada idéia fixa. Quanto a Woyzek atravessa a peça em agitação desesperada, contorcendo-se como um boneco suspenso nas cordas, seu "musculus constrictor vesicae" não se mostra sujeito à livre vontade. Ele corre pelo mundo como "uma navalha aberta", seus músculos faciais são "hirtos, tensos, por vezes saltitantes". Quando dispara em atitude convulsa, é "como se corresse a sombra de uma perna de aranha". Vendo-o chispar pela rua, seguido aos pulinhos pelo médico, o magro pelo gordo, o capitão exclama às gargalhadas: "Grotesco! Grotesco!" Não falta, na cena da feira, o macaco travestido de soldado (o símio é um motivo grotesco antigo, como "simia", macaqueação da natureza humana), nem o cavalo erudito que mostra sua "inteligência bestial" e se comporta como "homem-besta", envergonhando a sociedade humana. Tanto os personagens-papagaios de Strindberg (*Sonata de Espectros*) e Frisch (*Biedermann e os Incendiários*), como os rinocerontes de Ionesco e o inseto da *Metamorfose* de Kafka se integram perfeitamente nesta visão grotesca.

A mesma tendência se manifesta na comédia *Leonce e Lena*, de Büchner. Leonce chama-se a si mesmo "boneco" e o rei mostra-se comicamente desesperado quando, ao vestir-se, encontra os trajes em plena conspiração. Os objetos revelam uma rebeldia traiçoeira e parecem animados pela vontade metafísica de Schopenhauer, cuja influência filosófica povoará o mundo de Wilhelm Busch com coisas dolorosamente pontiagudas, ao passo que no do esteta e narrador F. T. Vischer os objetos pérfidos se apresentam na máscara de louças, ganchos, colarinhos e abotoaduras que provocam, numa reação em cadeia, uma verdadeira sublevação das coisas contra o homem, à semelhança do que ocorre em peças de Beckett ou filmes de Chaplin. "Onde está minha camisa, onde minha calça?" grita o rei de *Leonce e Lena*. "Alto lá! Ui! A vontade aí na frente está completamente aberta! Onde está a moral, onde os punhos engomados? As categorias estão na mais vergonhosa confusão ... todo o meu sistema está arruinado..." Os narizes transformam-se em trombas ou focinhos de porcos, os dentes em presas de animais, as covinhas em "fossas que canalizam o riso". A identidade da pessoa se dissolve quando Valério tira, lentamente, uma máscara após outra da sua face, antecipação de um dos problemas fundamentais de Pirandello. Depois apresenta o casal de namorados: "Anuncio à digna sociedade que chegaram dois autômatos mundialmente famosos... Vejam aí, meus senhores, duas pessoas de ambos os sexos, um macho e uma fêmea... Nada senão artifício e mecanismo, nada senão papelão e molas!..."

A metafórica desta peça — fortemente influenciada por Shakespeare — conduz o espectador à época do maneirismo e gongorismo: "Minha cabeça é um salão de baile vazio... Ela (uma mulher) tinha um par de olhos tão grandes que os sapatinhos de dança de minha Roseta teriam servido de sobrancelhas... Homem, nada és senão um trocadilho. Não tens pai e mãe, são as cinco vogais que te procriaram". Isso se refere a Valério que se entrega ao prazer dos trocadilhos, tão de agrado do cultismo.

Os artistas da *maniera*, na transição entre a arte renascentista e barroca, tinham predileção pelo grotesco, pelos *sogni dei pittori*, levando ao extremo os motivos de ornamentos da antiguidade encontrados em grutas (a raiz do termo grotesco provém do italiano *grotta*) e caracterizados pela mistura dos mundos humano, animal e vegetal. Tesauro, um dos teóricos do marinismo (e quase se diria do surrealismo), fala em tom elogioso dos "corpi naturali chimericamente accopiati" e exige do artista e poeta que estabeleça ligações entre os fenômenos mais desencontrados, como ocorre no sonho e na loucura: um caranguejo, por exemplo, agarrando uma borboleta ou um escorpião abraçando a lua. É exatamente isso que iria ser exigido por Paul Reverdy, o amigo de Breton. As afinidades entre o maneirismo, o surrealismo e muitas tendências da arte atual se manifestam particularmente quando se aplica a categoria do grotesco.

Tratar-se-á de uma ligação entre fenômenos muito desencontrados se, neste nexo, se alude aos bonecos do gravador toscano G. B. Bracelli, contemporâneo de Góngora e Marini? Os autômatos humanos das suas gravuras "cubistas" foram comparados a obras de Léger, Chirico e Picasso. Não se deve esquecer que um grande contemporâneo de Bracelli, René Descartes, reduzira o mundo orgânico a meros automatismos, a um sistema fechado de reflexos. Somente ao homem atribuiu uma alma, assim mesmo ligada à máquina do corpo através do frágil contato da glândula pineal, e sem conseguir explicar a ação recíproca entre duas realidades tão distantes como a psíquica e física. De resto, por mais "metódica" que seja a dúvida de Descartes, não se pode deixar de notar a profunda angústia com que o filósofo procura transpor o abismo entre a substância pensante e o mundo exterior que, repentinamente, ameaça volatilizar-se e cuja realidade se torna suspeita, uma vez reconhecida a precariedade da mediação dos nossos sentidos. Não se deve ignorar, tampouco, a amizade entre Descartes e certos maneiristas que, através da deformação anamórfica, procuraram provar o "engano" dos sentidos e do mundo das aparências. Quanto a Tesauro, afirma que as pesquisas daquela época, no campo da perspectiva ilusionista, se relacionam com a metafórica "conceptista": ligando o disparatado, ela cria perspectivas inesperadas a projetarem uma faixa de luz sobre as profundezas de um mundo enigmático e insondável que perdeu sua ordem e coerência.

O pensamento de Descartes, não há dúvida, é uma reação a este irracionalismo, mas uma reação intimamente atingida pelo impacto desintegrador do ceticismo e da crise geral que se refletem no maneirismo e numa das suas manifestações mais características, o grotesco. Neste como que se materializa aquele pavor ante o gênio mau das meditações cartesianas, o qual — arrasando as categorias do nosso mundo aparentemente ordenado — de súbito nos lança na vertigem dos pesadelos e do absurdo. É esse demônio que, transformado em vontade irracional, desperta depois de um sono de 200 anos, no sistema romântico de Schopenhauer, apaixonado do cultista Gracián, ambos pensadores do *desengaño*. A influência, direta ou indireta, de Schopenhauer sobre a arte moderna é incalculável. Na sua essência — a vontade irracional — o homem já não difere dos animais, nem das plantas e tampouco do queijo e dos pepinos entre os quais Wilhelm Busch colocou os restos líquidos de Pedro. A ordem é apenas aparente, no fundo reina o caos. Reais, verdadeiros são as ruínas e os esgares atrozes. Agitamo-nos num mundo de aparências, de máscaras, num mundo que é "representação". No fundo — e na tendência de desmascarar o homem, Schopenhauer precede Marx, Freud e Nietzsche — no fundo somos bonecos, estrebuchando, com trejeitos grotescos, nas cordas manipuladas pela vontade cega e inconsciente; palhaços a se equilibrarem, aos tropeços, no circo do Ser absurdo. Na falência de todos os sentidos e valores, resta só um sentido: o salto mortal para o Nada.

2

Na sua obra *Linguistics and Literary History* (Princeton, 1948), Leo Spitzer diz de Rabelais que este "cria famílias vocabulares grotescas (ou famílias de demônios verbais).... empilhando impetuosamente adjetivo sobre adjetivo até atingir efeitos extremos de pavor, de tal forma que do familiar se desprende o contorno do desconhecido".

Semelhante foi o processo de Johann Fischart (1546-1590), aliás tradutor alemão de Rabelais. Entregando a iniciativa às palavras, deixou-se arrastar por um verdadeiro turbilhão de sinônimos, assonâncias e associações. A língua, como um cavalo em disparada, ganha impulso cada vez maior, invadindo por fim uma nova dimensão. Surge um mundo desconhecido, repleto de enormidades desproporcionais. O parto de tais demônios reflete-se sobre as orações iniciais, ainda cheias de bom senso e perfeitamente ajustadas à realidade que nos cerca. Em qualquer ponto, os vocábulos se emancipam da realidade e tomam rumos próprios. Entretanto, é difícil indicar este ponto. Sentimos como o chão cede debaixo dos nossos pés; os limites do real e irreal se confundem. Francis Bacon, contemporâneo de Góngora, já conhecia muito bem o fenômeno e advertiu aos filósofos que desconfiassem dos "ídolos da feira", isto é, das palavras que "conduzem os homens a inúmeras controvérsias vazias e fantasias ociosas".

Todavia, sabemo-nos aprisionados nas estruturas da nossa língua como uma mosca na teia de aranha. Se a língua é capaz de criar tais monstros, não teremos razões de sobra para duvidar ainda mais da sua conduta cotidiana, tão humilde e bem comportada? Precisamente esse bom comportamento inspira suspeitas, pois resulta num tecido de clichês que nos tapa a visão, impõe-nos o rumo dos pensamentos e falsifica as nossas experiências. Se não tivéssemos a palavra "mesa", certamente não veríamos mesas, mas uma multiplicidade de objetos variados e interessantes. Se não disséssemos "chinês" — como se existisse o chinês! — iríamos diferenciar e reconhecer um grande número de indivíduos diversos, ao invés de confundi--los de tal forma sob o clichê "chinês" que nem sequer somos capazes de individualizar-lhes as fisionomias, por mais diferentes que sejam. As línguas indo-européias falam de "onda", substancializando o processo mais fluido do mundo, ao passo que outras línguas tornam fluido mesmo o que nos parece solidamente substancial.

O ceticismo lingüístico expresso nesses argumentos — baseados num nominalismo acentuado — dirige-se contra a tendência da língua de substancializar e atomizar as experiências e contra a inclinação humana de atribuir realidade aos objetos criados pela abstração ou pelas projeções míticas nascidas da língua. Tal ceticismo, combinado com uma atitude lúdica que leva essas inclinações às últimas conseqüências, caracteriza os poemas grotescos de Christian Morgenstern (1871-1914). Embora lírico de categoria, são as excêntricas *Galgenlieder* (Canções da Forca) que lhe granjearam imensa fama na Alemanha.

Não é fácil dar uma idéia de poemas tão entrelaçados com o espírito mais íntimo da língua alemã: poemas que brincam com a própria estrutura deste idioma, com suas peculiaridades sintáticas e vocabulares, acabando por produzir, através do abrochar fantástico das suas energias, um mundo irreal, de animais míticos e personagens e ocorrências estranhas. Há, por vezes, uma remota semelhança com os *limericks,* como constam, por exemplo, do *Book of Nonsense* (1846), de Edward Lear — quintilhas cômicas, cuja intransponibilidade para o alemão foi considerada por um autor como "desgraça nacional". Nestes e outros *limericks* acontecem coisas que subvertem não só a ordem de um povo tão bem organizado como o britânico, mas também as leis naturais, visto que a língua inglesa não foi criada por Newton e as rimas não obedecem à lei da gravidade: "There was an old man with a beard, — Who said, "It is just as I feared! — Two owls and a hen, — Four larks and a wren, — Have all built their nests in my beard!" — eis a descrição de um estado de coisas produzido, antes de tudo, pela língua inglesa.

Que um homem se assemelha a um grou poderia ocorrer num quadro de Callot ou Bosch, mas às vezes é à rima a que se devem tais anormalidades. Não admira que Breughel, em quadros como "Os Provérbios dos Países Baixos" e outros, tenha criado um mundo louco, por levar ao pé da letra os anexins do seu povo, pintando as extravagâncias escondidas na língua. Se no *limerick* do jovem "man of Oporta — Who daily got shorter and shorter" as leis estão abaladas, elas ficam inteiramente suspensas no caso da jovem "lady of Lynn", tão magra, tão *thin*, que quando tentava tomar limonada, ela "slipped through the straw and fell in". Coisas semelhantes acontecem nos poemas de Morgenstern.

Parece que os *limericks* não se baseiam em nenhuma filosofia. Morgenstern, porém, era alemão e o mínimo que podia fazer era citar na epígrafe das suas *Canções da Forca* a palavra de Nietzsche, segundo a qual a criança escondida em todo homem verdadeiro faz questão de brincar. Assim, concede plena liberdade à língua, particularmente à sua capacidade de substancializar tudo, mesmo um piscar de olhos, de parcelar a realidade e de dar autonomia às partes de um todo. O joelho de um soldado morto em combate, único membro que escapou ileso, anda solitariamente pela floresta. Entre o Bim, o Bam e o Bum, dos sinos que dobram desenvolve-se a tragédia do eterno triângulo: o Bam segue o Bim, que, no en-

69

tanto, foge com o Bum. O gelo derrete-se debaixo de um suspiro que patina pensando *com ardor* na bem--amada. O Perfeito e Imperfeito, tomando champanha. brindam o Futuro. Brincando com a categoria do espaço, um arquiteto constrói uma casa usando os intervalos de uma cerca de paus. Mas deixa os sarrafos "sem nada em redor — um aspecto medonho e ordinário". Perseguido, "o arquiteto pirou — pra Afric ou Américo". O rio alemão Elster (termo que designa uma espécie de corvo) levanta vôo e é derrubado por um caçador, com graves conseqüências para o abastecimento de água da região. Os sinais ortográficos fundam uma associação anti-ponto-e-vírgula e cercam este símbolo de parênteses, antepondo o sinal de subtração. Morto assim o ponto e vírgula, o ponto de interrogação, sacudindo a cabeça, fita o cadáver, enquanto o de exclamação profere a oração fúnebre.

Graças à faculdade da língua alemã de criar, à vontade, palavras compostas (os famosos "comboios"), surgem animais fabulosos, particularmente noturnos, ligados à lua e dotados de lúgubres qualidades onomatopaicas: seres que deixam na sombra um bicho tão filisteu como o unicórnio. As nuvens chamadas "cirrus", em alemão *Laemmerwolken* (palavra composta de nuvens e cordeiros), não só começam a balir, mas uma delas perde-se e passa por aventuras estranhas, num poema de grande beleza. Há burros aquáticos, ovelhas e bezerros lunares e surge, entre muitos outros seres grotescos, o afamado "Nasobete" (em alemão: Das Nasobem):

Sobre os narizes lampeiro
acompanhado do herdeiro
aproxima-se o Nasobete.
Não consta no Aulette.

Nem no Lello. Não admira
que não se encontre no Larousse
pois nasceu de minha lira
que o deu à luz.

Sobre os narizes marcha lampeiro
(como já foi dito) desde o dia sete
acompanhado de seu herdeiro
para frente o Nasobete.

Surge o personagem Korf que deve a sua vida ao fato feliz de se rimar com a palavra *Dorf* (aldeia); essa circunstância explica também a estranha localização da "Doninha Esteta":

A doninha
sobre a pedrinha
na ribeirinha.

Sabeis
por quê?

O bezerro lunar
revelou-me assim
lá de cima:

O requin-
tado animal
o faz pela rima [2].

Inventam-se lâmpadas que escurecem o dia; o próprio "cão em si" aparece, os ventos e pontos cardeais constituem-se em seres e misteriosos relógios transtornam todos os conceitos do tempo. Em certos

(2) A tradução dos dois poemas é de Roberto Schwarz.

poemas, o diminutivo, levado a extremos caricatos, produz um mundo liliputiano e em outros ocorre uma grotesca confusão gramatical, com verbos tomando a flexão de substantivos e estes a de verbos, enquanto pronomes pessoais, verbos e substantivos se beneficiam de sufixos do superlativo que — até Morgenstern — costumava ser monopólio dos adjetivos e advérbios.

Morgenstern foi, certamente, um dos maiores aventureiros da língua alemã. Através das cambalhotas grotescas do vocabulário — executadas por vezes com extrema graça poética — transparece o que se poderia chamar a "palhaçada ontológica". O palhaço é o homem que não sabe distinguir entre Ser e Não-Ser. Por isso vive tropeçando, ao tomar por existente o que não é ou por não existente o que é. Morgenstern executa essas manobras excêntricas no elemento da língua, abalando os fundamentos do que, para Heidegger, seria a "Casa do Ser", isto é, a língua. Nota-se, nesta sua atitude face à língua, uma profunda ambivalência: o amor do poeta e o ódio do místico que cita Eckhart: "Despedaça a língua e todos os conceitos... O resto é silêncio. Este silêncio, porém, é Deus". Estudioso de Schopenhauer, tornou-se adepto de Rudolf Steiner (1861-1925), fundador da antroposofia. Trata-se de um sistema barroco de especulações gnósticas, neoplatônicas e orientais aparentado com a teosofia. Sistema atualmente muito em voga na Alemanha, a ponto de se ter constituído em seita, com academias e escolas cujo plano pedagógico — de princípios elevados — orienta também uma escola fundada há certo tempo em São Paulo.

Nota-se, nos poemas grotescos de Morgenstern, o intuito sistemático de desagregar o conceito da realidade empírica a fim de abrir caminho para uma realidade superior: "... é só a palavra que fragmenta a vida em Eu e Deus... é ela que abre abismos que na realidade não existem... a palavra é algo infinitamente brutal... ela amassa milhões de relações, convertendo-as num montão de terra..." Estamos perto da fonte dos versos de Morgenstern, quando lemos: "Por vezes te sentes assaltado por um veemente estranhamento em face de uma palavra: de repente se patenteia a completa arbitrariedade da língua... e, assim, a arbitrariedade da nossa concepção do mundo" compreendida na língua. Profundo ódio inspira-lhe a burguesia à procura de aconchego filisteu nos clichês lingüísticos: "Burguesa é, sobretudo, a nossa língua. Desaburguesá-la é a tarefa do futuro".

Para este místico que considerava as filosofias como "salva-vidas feitos da cortiça da língua" e que não admitia que as palavras limitassem as coisas — pois estas não têm limites, — para este místico que, no entanto, era poeta e amava a palavra, se abria só um caminho: libertar a língua de todas as peias para demonstrar o que nela há de absurdo, louco e — poético. "Quanto mais envelheço, tanto mais se torna minha esta palavra: grotesco."

REFLEXÕES SOBRE O ROMANCE MODERNO

1

Estas considerações sobre o romance moderno não visam a uma apresentação sistemática ou histórica, por mais rudimentar que seja, de um vasto sétor da literatura atual. O que propomos, nestas páginas, é um jogo de reflexões, espécie de diálogo lúdico com o leitor, baseado numa série de hipóteses possivelmente fecundas.

A hipótese básica em que nos apoiamos é a suposição de que em cada fase histórica exista certo *Zeitgeist*, um espírito unificador que se comunica a todas as manifestações de culturas em contato, naturalmente com variações nacionais. Falamos nestas páginas da "cultura ocidental", não tomando em conta as diversificações nacionais. Supomos, pois, que mesmo numa cultura muito complexa como a nossa, com alta especialização e autonomia das várias esferas — tais como ciências, artes, filosofia — não só haja interdependência e mútua influência entre esses campos, mas, além disso, certa unidade de espírito e sentimento de vida, que impregna, em certa medida, todas estas atividades.

A segunda hipótese sugere que se deva considerar, no campo das artes, como de excepcional importância o fenômeno da "desrealização" que se observa na *pintura* e que, há mais de meio século, vem suscitando reações pouco amáveis no grande público. O termo "desrealização" se refere ao fato de que a pintura deixou de ser mimética, recusando a função de reproduzir ou copiar a realidade empírica, sensível. Isso, sendo evidente no tocante à pintura abstrata ou não-figurativa, inclui também correntes figurativas como o cubismo, expressionismo ou surrealismo. Mesmo estas correntes deixaram de visar a reprodução mais ou menos fiel da realidade empírica. Esta, no expressionismo, é apenas "usada" para facilitar a expressão de emoções e visões subjetivas que lhe deformam a aparência; no surrealismo, fornece apenas elementos isolados, em contexto insólito, para apresentar a imagem onírica de um mundo dissociado e absurdo; no cubismo, é apenas ponto de partida de uma redução a suas configurações geométricas subjacentes. Em todos esses casos podemos falar de uma negação do realismo, se usarmos este termo no sentido mais lato, designando a tendência de reproduzir, de uma forma estilizada ou não, idealizada ou não, a realidade apreendida pelos nossos sentidos. Há interpretações diametralmente opostas deste fenômeno. Marcel Brion, por exemplo, baseado nas teorias de Worringer, considera a abstração (e o anti-realismo) como manifestação corriqueira, freqüente na história, de um sentimento de vida religioso ou pelo menos espiritualizado. "Só a pintura abstrata pode dar expressão ao que pela sua própria essência é não-figurativo: a um estado psíquico." Já o católico Hans Sedlmayr considera a arte abstrata (e moderna em geral) um fenômeno único na história, uma revolução "como antes nunca existiu". E além disso julga esta arte profundamente irreligiosa por nela não se vislumbrarem outros valores que os puramente estéticos e por tornar-se assim a própria arte em ídolo.

Abstendo-nos de tais interpretações extremas, verificamos apenas o fato da abstração, atribuindo-lhe grande importância. Desse fato seguem, ou a ele se ligam, vários momentos de igual importância: o ser humano, na pintura moderna, é dissociado ou "reduzido" (no cubismo), deformado (no expressionismo) ou eliminado (no não-figurativismo). *O retrato desapareceu.* Ademais, a perspectiva foi abolida ou sofreu, no surrealismo, distorções e "falsificações". Sobre este fato há muitas especulações fascinantes. A perspectiva central, eliminada pela pintura moderna, surgiu no Renascimento; a perspectiva grega, diversa da renascentista, foi introduzida na época dos sofistas, no século V a.C. Como se sabe, a pintura egípcia ou a pintura européia medieval — para dar só estes exemplos — não conheciam ou não empregavam a perspectiva. As hipóteses sobre esse curioso fenômeno tendem a considerar provável que a perspectiva seja um recurso para a conquista artística do mundo terreno, isto é, da realidade sensível. É característica típica de épocas em que se acentua a emancipação do indivíduo, fenômeno fundamental da época sofista e renascentista.

A perspectiva cria a *ilusão* do espaço tridimensional, projetando o mundo a partir de uma consciência individual. O mundo é relativizado, visto em *rela-*

ção a esta consciência, é constituído a partir dela; mas esta relatividade reveste-se da ilusão do *absoluto*. Um mundo relativo é apresentado como se fosse absoluto. É uma visão antropocêntrica do mundo, referida à consciência humana que lhe impõe leis e óptica subjetivas. Na filosofia ocidental, esta constituição do mundo a partir da consciência humana surge pela primeira vez com os sofistas: "O homem é a medida de todas as coisas" (Protágoras). A visão perspectívica ressurge depois na filosofia pós-renascentista com Descartes que pelo menos parte do *cogito*, supondo como única certeza inabalável a do eu existente (é a partir dele que Descartes reconstrói o mundo desfeito pela dúvida). E encontrou sua expressão máxima em Kant que projeta o mundo dos "fenômenos" — isto é, o mundo como nos aparece, único a que teríamos acesso — a partir da consciência (não importa, neste contexto, que não se trata de uma consciência individual).

É evidente que a visão perspectívica seria impossível na Idade Média. Como a Terra é imóvel, fixa no centro do mundo, assim o homem tem uma posição fixa *no* mundo e não uma posição *em face* dele. A ordem depende da mente divina e não da humana. Não cabe ao homem projetar a partir de si um mundo de cuja ordem divina ele faz parte integral, que ele apenas apreende (em parte) e cuja constituição não depende das formas subjetivas da sua consciência. No momento em que a Terra começa a mover-se, essa ordem parece fadada à dissolução. A reviravolta coperniciana é seguida de outra, no dizer de Kant: já não é o mundo que prescreve as leis à nossa consciência, é esta que prescreve as leis ao mundo. *Antes de tudo, prescreve-lhe as perspectivas de espaço e tempo, formas subjetivas da nossa consciência, mercê das quais projeta a realidade sensível dos fenômenos.*

Nossa segunda hipótese resulta, portanto, na afirmação de que a pintura moderna — eliminando ou deformando o ser humano, a perspectiva "ilusionista" e a realidade dos fenômenos projetados por ela — é expressão de um sentimento de vida ou de uma atitude espiritual que renegam ou pelo menos põem em dúvida a "visão" do mundo que se desenvolveu a partir do Renascimento. Merece, aliás, ser salientado que a negação do ilusionismo é particularmente bem caracterizada no teatro. Este, ao abandonar a partir dos inícios do nosso século as convenções tradicionais, o palco à italiana, a imitação minuciosa da vida empírica, tal como visada pelos naturalistas, começa a se confessar teatro, máscara, disfarce, jogo cênico, da mesma forma como a pintura moderna se confessa plano de tela coberta de cores, em vez de simular o espaço tridimensional, volumes e figuras. O crítico teatral S. Melchinger ressalta com precisão que, da mesma forma como o desenvolvimento da pintura levou do fenômeno individual "árvore" à linha ou cor puras ou à organização abstrata da superfície, assim o desenvolvimento do teatro conduz à reconstituição dos seus fenômenos específicos: do *ludus* (jogo) que precisamente não é a realidade, da peça, que não é a vida, da cena, que não é o mundo.

O palco à italiana era tipicamente um palco perspectívico. A cena moderna, "espacial", sem caixa de palco, cena que faz parte da sala de espetáculos, sem separar-se dela pela moldura que a "enquadra" e constitui como mundo distinto, é nitidamente aperspectívica. Há uma interpenetração entre o espaço cênico e o espaço empírico da sala que borra a perspectiva. Resultado semelhante decorre dos teatros de arena.

Recorrendo à nossa primeira hipótese da unidade espiritual das fases históricas, chegamos à nossa terceira hipótese: tais alterações profundas, verificadas na pintura (e também nas outras artes), devem, de um ou outro modo, manifestar-se também no romance, embora neste campo seja bem menor o número de pessoas que se deram conta de modificações semelhantes àquelas que na pintura provocaram verdadeiros escândalos. De fato, as alterações ocorridas no romance não "dão tanto na vista" como as de uma arte visual. Além disso, o mercado de romances é abastecido em escala muito maior por obras de tipo tradicional.

O valor das nossas hipóteses mede-se pela fertilidade da sua aplicação, pelos esclarecimentos que elas porventura são capazes de oferecer no campo da literatura e pela iluminação que certas interpretações, colhidas destarte no romance, poderão por sua vez lançar sobre a pintura.

2

Nota-se no romance do nosso século uma modificação análoga à da pintura moderna, modificação que parece ser essencial à estrutura do modernismo. À eliminação do espaço, ou da ilusão do espaço, parece corresponder no romance a da sucessão temporal. A cronologia, a continuidade temporal foram abaladas, "os relógios foram destruídos". O romance moderno nasceu no momento em que Proust, Joyce, Gide, Faulkner começam a desfazer a ordem cronológica, fundindo passado, presente e futuro.

Fenômeno semelhante ocorre no teatro com a *Peça de Sonho*, de Strindberg. De um modo geral é com o grande sueco e com Pirandello que se inicia no teatro a destruição do espaço cênico fechado, processo que acompanha a superação da mecânica clássica e da matemática euclidiana. Com a "teoria da relatividade cênica", espaço e tempo fictícios começam a oscilar e pelas paredes rotas do palco penetra o mito, a mística, o irreal, enquanto a psicologia profunda faz estremecer os planos da consciência, impregnando a realidade de elementos oníricos.

Com isso, espaço e tempo, formas relativas da nossa consciência, mas sempre manipuladas como se fossem absolutas, são por assim dizer denunciadas como relativas e subjetivas. A consciência como que põe em dúvida o seu direito de impor às coisas — e à própria vida psíquica — uma ordem que já não parece corresponder à realidade verdadeira. A dificuldade que boa parte do público encontra em adaptar-se a este tipo de pintura ou romance decorre da circunstância de a arte moderna negar o compromisso com este mundo empírico das "aparências", isto é, com o mundo temporal e espacial posto como real e absoluto pelo realismo tradicional e pelo senso comum. Trata-se, antes de tudo, de um processo de desmascaramento do mundo epidérmico do senso comum. Revelando espaço e tempo — e com isso o mundo empírico dos sentidos — como relativos ou mesmo como aparentes, a arte moderna nada fez senão reconhecer o que é corriqueiro na ciência e filosofia. Duvidando da posição absoluta da "consciência central", ela repete o que faz a sociologia do conhecimento, com sua reflexão crítica sobre as posições ocupadas pelo sujeito cognoscente.

O fundamentalmente novo é que a arte moderna não o reconhece apenas tematicamente, através de uma alegoria pictórica ou a afirmação teórica de uma personagem de romance, mas através da assimilação desta relatividade à própria estrutura da obra-de-arte. A visão de uma realidade mais profunda, mais real, do que a do senso comum é incorporada à forma total da obra. É só assim que essa visão se torna realmente válida em termos estéticos.

É absurdo negar à arte tradicional o direito de vida, já que vastos setores do público lhe dão franca preferência. No entanto, tem-se diante dessas manifestações a impressão de que não fazem, por inteiro, parte do nosso tempo. É apenas na sua temática que tomam conhecimento das transformações da nossa época. Estas não atingiram ao âmago, às formas de expressão. Com os aviões de Santos Dumont ou dos irmãos Wright não se pode empreender o vôo cósmico.

3

Já no século passado, Goethe reconheceu a extrema subjetividade e relatividade do tempo (e Santo Agostinho muitos séculos antes). Verificou no romance *Afinidades Eletivas* que a vivência subjetiva do tempo nada tem que ver com o tempo dos relógios. Isso, porém, é afirmado apenas em termos de uma reflexão geral. O fato não é transformado em experiência.

Sabemos que o homem não vive apenas "no" tempo, mas que *é* tempo, tempo não-cronológico. A nossa consciência não passa por uma sucessão de momentos neutros, como o ponteiro de um relógio, mas cada momento contém todos os momentos anteriores. Não poderíamos ouvir uma sinfonia ou melodia como uma totalidade coerente e significativa se os sons anteriores não se integrassem, continuamente, num padrão total, que por sua vez nos impõe certas expectativas e tensões dirigidas para o futuro musical. Em cada instante, a nossa consciência é uma totalidade que engloba, como atualidade presente, o passado e, além disso, o futuro, como um horizonte de possibilidades e expectativas.

Muitos dos romances mais famosos do nosso século procuram assinalar não só tematicamente e sim na própria estrutura essa "discrepância entre o tempo no relógio e o tempo na mente" (Virgínia Woolf). Mesmo num romance como *Angústia*, de Graciliano Ramos, que não adota processos muito radicais, se nota intensamente essa preocupação: o passado e o futuro se inserem — através da repetição incessante que dá ao romance um movimento giratório — no monólogo interior da personagem que se debate na sua desesperada angústia, vivendo o tempo do pesadelo. A irrupção, no momento atual, do passado remoto e das imagens obsessivas do futuro não pode ser apenas afirmada como num tratado de psicologia. Ela tem de processar-se no próprio contexto narrativo em cuja estrutura os níveis temporais passam a confundir--se sem demarcação nítida entre passado, presente e futuro. Desta forma, o leitor — que não teme esse esforço — tem de participar da própria experiência da personagem. Não conta com as facilidades que, quase sempre, marcam no filme o retrocesso do *flash back*: este recurso dá o passado como passado, como coisa morta, apenas lembrada. Para fazê-lo ressurgir em toda a sua pujança, como presença atual, não se pode narrá-lo como passado. O processo dessa atualização (que foi adotado no filme *Hiroshima, meu Amor* e, de outro modo, em *Ano passado em Marienbad*), não só modifica a estrutura do romance, mas até a da frase que, ao acolher o denso tecido das associações com sua carga de emoções, se estende, decompõe e amorfiza ao extremo, confundindo e misturando, como no próprio fluxo da consciência, fragmentos atuais de objetos ou pessoas presentes e agora percebidos com desejos e angústias abarcando o futuro ou ainda experiências vividas há muito tempo e se impondo talvez com força e realidade maiores do que as percepções "reais". A narração torna-se assim padrão plano em cujas linhas se funde, como simultaneidade, a distensão temporal.

A tentativa de reproduzir este fluxo da consciência — com sua fusão dos níveis temporais — leva à radicalização extrema do monólogo interior. Desaparece ou se omite o intermediário, isto é, o narrador, que nos apresenta a personagem no distanciamento gramatical do pronome "ele" e da voz do pretérito. A consciência da personagem passa a manifestar-se na sua atualidade *imediata*, em pleno ato presente, como um Eu que ocupa totalmente a tela imaginária do romance. Ao desaparecer o intermediário, substituído pela presença direta do fluxo psíquico, desaparece também a ordem lógica da oração e a coerência da estrutura que o narrador clássico imprimia à seqüência dos acontecimentos. Com isso esgarça-se, além das formas de tempo e espaço, mais uma categoria fundamental da realidade empírica e do senso comum: a da causalidade (lei de causa e efeito), base do enredo tradicional, com seu encadeamento lógico de motivos e situações, com seu início, meio e fim.

Tais modificações, que de um ou outro modo se ligam à abolição do tempo cronológico (correspondente à do espaço-ilusão na pintura), decorrem, pelo que se vê, do uso de recursos destinados a reproduzir com a máxima fidelidade a experiência psíquica. Implicam uma *retificação* do enfoque: o narrador, no afã de apresentar a "realidade como tal" e não aquela realidade lógica e bem comportada do narrador tradicional, procura superar a perspectiva tradicional, submergindo na própria corrente psíquica da personagem ou tomando qualquer posição que lhe parece menos fictícia que as tradicionais e "ilusionistas".

Segundo Wolfgang Kayser, a supressão da função mediadora do narrador é ruinosa para a ficção. É que tradicionalmente coube ao narrador, como eixo em torno do qual revolve a narração, garantir a ordem significativa da obra e do mundo narrado. No entanto, se esta ordem é posta em dúvida, a ausência do organizador e a supressão de uma ordem ilusória certamente se justificam.

Trata-se, no fundo, de uma radicalização do romance psicológico e realista do século passado; mas este excesso levou a conseqüências que invertem por inteiro a forma do romance tradicional. A enfocação microscópica aplicada à vida psíquica teve efeitos semelhantes à visão de um inseto debaixo da lente do microscópio. Não o reconhecemos mais como tal, pois, eliminada a *distância*, focalizamos apenas uma parcela dele, imensamente ampliada. Da mesma forma se desfaz a personagem nítida, de contornos firmes e claros, tão típica do romance convencional. Devido à focalização ampliada de certos mecanismos psíquicos perde-se a noção da personalidade total e do seu "caráter" que já não pode ser elaborado de modo plástico, ao longo de um enredo em seqüência causal, através de um tempo de cronologia coerente. Há, portanto, plena interdependência entre a dissolução da cronologia, da motivação causal, do enredo e da personalidade. Esta última, ademais, não se esfarpa apenas nos contornos exteriores, mas também nos limites internos: ela se transcende para o mundo ínfero das camadas infrapessoais do *it*, para o poço do inconsciente; mundo em que, segundo Freud, não existe tempo cronológico e em que se acumulariam, segundo Jung, não só as experiências da vida individual e sim as arquetípicas e coletivas da própria humanidade.'

Reconhecemos, no processo descrito, muitas analogias com a pintura moderna. À abolição do espaço-ilusão corresponde a do tempo cronológico. Isso implica uma série de alterações que eliminam ou ao menos borram a perspectiva nítida do romance realista. Espaço, tempo e causalidade foram "desmascarados" como meras aparências exteriores, como formas epidérmicas por meio das quais o senso comum procura impor uma ordem fictícia à realidade. Neste processo de desmascaramento foi envolvido também o ser humano. Eliminado ou deformado na pintura, também se fragmenta e decompõe no romance. Este, não podendo demiti-lo por inteiro, deixa de apresentar o retrato de indivíduos íntegros. Ao fim, a personagem chega, p. ex. nos romances de Beckett, a mero portador abstrato — inválido e mutilado — da palavra, a mero suporte precário, "não-figurativo", da língua. O indivíduo, a pessoa, o herói são revelados como ilusão ou convenção. Em seu lugar encontramos a visão microscópica e por isso não-perspectívica de mecanismos psíquicos fundamentais ou de situações humanas arquetípicas.

4

Partimos, para forçar a analogia com a pintura, de alterações "técnicas" que acabaram por resultar numa verdadeira desmontagem da pessoa humana e do "retrato" individual. No entanto, chegados a este ponto, é justo acentuar que o processo talvez tenha sido inverso ou interdependente. O que se afigurou como resultado de desenvolvimentos "formais", talvez tenha sido em verdade ponto de partida ou parte inerente desses desenvolvimentos. Talvez fora básica uma nova experiência da personalidade humana, da precariedade da sua situação num mundo caótico, em rápida transformação, abalado por cataclismos guerreiros, imensos movimentos coletivos, espantosos progressos técnicos que, desencadeados pela ação do homem, passam a ameaçar e dominar o homem. Não se refletiria esta experiência da situação precária do indivíduo em face do mundo, e da sua relação alterada para com ele, no fato de o artista já não se sentir autorizado a projetá-lo a partir da própria consciência? Uma época com todos os valores em transição e por isso incoerentes, uma realidade que deixou de ser "um mundo explicado", exigem adaptações estéticas capazes de incorporar o estado de fluxo e insegurança dentro da própria estrutura da obra. De qualquer modo desapareceu a certeza ingênua da posição divina do indivíduo, a certeza do homem de poder constituir, a partir de uma consciência que agora se lhe afigura epidérmica e superficial, um mundo que timbra em demonstrar-lhe, por uma verdadeira revolta das coisas, que não aceita ordens desta consciência.

Notamos uma espécie de pressentimento disso no auge do individualismo, em pleno século XIX. Os pintores impressionistas, com sua arte alegre e luminosa, certamente não desejavam exprimir nenhuma cosmovisão profunda. Desejavam, precisamente, reproduzir apenas a *aparência* passageira da realidade, a *impressão* fugaz do momento. De certa forma eram realistas ao extremo. Mas precisamente por isso já não alegam reproduzir a realidade e sim apenas a sua "impressão". Tornaram-se subjetivos por quererem ser objetivos. E no mesmo momento a perspectiva começa a borrar-se: o pintor já não pretende projetar a realidade; reproduz apenas a sua própria impressão, flutuante e vaga, e assim renuncia à posição de quem se coloca "em face" do mundo. Daí a Kandinsky há só um passo: o da *expressão* imediata do mundo psíquico, sem necessidade de recorrer à mediação de *impressões* figurativas. A perspectiva desaparece porque não há mais nenhum mundo exterior a projetar, uma vez que o próprio fluxo psíquico, englobando o mundo, se espraia sobre o plano da tela. No entanto, neste processo — que correspon-de ao do monólogo interior radical — se manifesta precisamente a crise acima apontada. O que se verifica, é o seguinte, posto em termos esquemáticos e simplificados: se a perspectiva é expressão de uma relação entre dois pólos, sendo um o homem e o outro o mundo proje-tado, dá-se agora uma ruptura completa. Um dos pólos é eliminado e com isso desaparece a perspectiva. Num caso, resta só o fluxo da vida psíquica que absor-veu totalmente o mundo (seria o caso de Kandinsky e dos seus seguidores); noutro caso, resta só o mundo, reduzido a estruturas geométricas em equilíbrio que, por sua vez, absorvem o homem (seria o caso de Mondrian e dos seus seguidores). Em ambos os casos, suprime-se a distância entre o homem e o mundo e com isso a perspectiva. O abandono da perspectiva mostra ser expressão do anseio de superar a *distância* entre indivíduo e mundo; distância de que a perspectiva se torna a expressão decisiva no momento em que o indivíduo já não tem a fé renascentista na posição privilegiada da consciência humana *em face* do mundo e não acredita mais na possibilidade de, a partir dela, poder constituir uma realidade que não seja falsa e "ilusionista".

Assim, a perspectiva, de início recurso artístico para dominar o mundo terreno, torna-se agora símbolo do abismo entre o homem e o mundo, símbolo dessa cisão e distância que o poeta G. Benn chamou a "catástrofe esquizóide", a fragmentação da unidade paradisíaca original. O sentimento dessa "consciência infeliz" suscita uma verdadeira angústia. Gerações inteiras de artistas e intelectuais procuram reencontrar uma posição estável e essa procura, resultado e causa de uma instabilidade cada vez maior, exprime-se no estado de pesquisa e experimentação no romance, cujos autores tentam retificar as enfocações tradicionais; e manifesta-se, principalmente, no desejo de fugir para um mundo ou uma época em que o homem, fundido com a vida universal, ainda não conquistara os contornos definitivos do eu, em que não se dera ainda o pecado original da "individuação" e da projeção perspectívica. Esse culto do arcaico, esta glorificação do início e do elementar são típicos justamente para as vanguardas mais requintadas. O intelectual, o "esquizóide" neurótico, dissociado entre os valores em transição, enquanto revela essa fragmentação nas suas personagens desfeitas e amorfas, exprime nesta mesma decomposição do indivíduo a sua esperança de, chegado à substância anônima do ente humano, poder vislumbrar a integração no mundo elementar do mito.

Daí a glorificação dos deuses passados e o misticismo orientalizante de tantas "Beat Generations" e adeptos de Zen, arautos fervorosos de uma unidade aperspectívica em que não há "pontos de fuga" e em que os seres se confundem e apagam na "unio mystica" plana, que é apenas o reverso "dialético" dos imensos espaços vazios, feitos de pesadelo e angústia, dos surrealistas: perspectiva deformada que encontramos também nos romances de Kafka.

5

Vimos que a radicalização do romance psicológico do século passado levou à sua autodissolução — da mesma forma como a aprofundação da pesquisa científica levou a hipótese de o indivíduo consciente e racional ser apenas um ente fictício, epidérmico. Esta consciência individual seria apenas uma tênue camada, uma onda fugaz no mar insondável do inconsciente anônimo. No fundo e em essência o homem repete sempre as mesmas estruturas arquetípicas — as de Édipo ou de Electra (a própria psicologia recorreu ao mito); as do pecado original, da individuação; da partida da casa paterna, da volta do filho pródigo; de Prometeu, de Teseu no labirinto — e assim em diante. A própria emergência e emancipação do indivíduo racional e consciente é apenas parte daquele "eterno retorno", é um padrão fixo que a humanidade repete na sua caminhada circular através dos milênios.

Compreendemos agora mais de perto porque a personalidade individual tinha de desfazer-se e tornar-se abstrata no processo técnico descrito: para que se revelem tanto melhor as configurações arquetípicas do ser humano; estas são intemporais como é intemporal o "tempo mítico" que, longe de ser linear e progressivo (como é o tempo judaico-cristão), é circular, voltando sobre si mesmo. O tempo linear, cronológico, se apaga como mera aparência no eterno retorno das mesmas situações e estruturas coletivas. Na dimensão mítica, passado, presente e futuro se identificam: as personagens são, por assim dizer, abertas para o passado que é presente que é futuro que é presente que é passado — abertas não só para o passado individual e sim o da humanidade; confundem-se com seus predecessores remotos, são apenas manifestações fugazes, máscaras momentâneas de um processo eterno que transcende não só o indivíduo e sim a própria humanidade: esta, reintegrada no Arqui-Ser, que a ultrapassa e abarca, é parte da luta eterna entre as forças divinas e demoníacas; é portadora de uma mensagem sobre-humana; ergue-se prometeicamente contra as divindades; é expulsa da unidade original; sofre a tortura de Sísifo num mundo absurdo; vive a frustração do homem que almeja chegar ao Castelo dos poderes insondáveis etc. Assim, em *Ulysses* transparecem, através das máscaras de Bloom, Dedalus e Molly, as personagens míticas de Ulisses, Telêmaco e Penélope. Na odisséia de um só dia, no mar urbano da "Polis" de Dublin, é celebrada, ainda que em termos de paródia, a interminável viagem do herói homérico. Renasce — numa visão saudosa e irônica — um mundo em que as esferas divina e humana ainda se interpenetram numa unidade sem fenda. Esta odisséia do século XX, prenhe de dissociações, montagens artificiais, variações de estilo, evoca a unidade mítica e revela ao mesmo tempo, na sua própria estrutura, a razão dessa procura saudosa.

Boa parte da obra de Faulkner reencena como mito puritano a conspurcação da terra prometida pelo materialismo e pelo ódio racial. É uma repetição da queda. Essa corrupção original atua incessantemente nos dias atuais. A técnica complexa de Faulkner, a inversão cronológica dos acontecimentos, a construção circular, a irrupção do passado no presente e, com isso, do inconsciente no consciente, são a expressão formal precisa de um mundo em que a continuidade do tempo empírico e o eu coerente e epidérmico já não têm sentido.

No esfacelamento de *Macunaíma* manifestam-se, através das preocupações nacionais e pessoais de Mário de Andrade, que disse de si que "sou trezentos, sou trezentos-e-cinqüenta", as estruturas arquetípicas dos deuses despedaçados, mas de novo recompostos; o herói de *Grande Sertão: Veredas,* de Guimarães Rosa, revive o drama de Fausto em pleno sertão brasileiro; Revel, o herói de *L'Emploi du Temps,* de Michel Butor, repete no labirinto da grande cidade a aventura de Teseu, lutando com o Minotauro do tempo; as angústias do herói de *Berlim Alexanderplatz* (Alfred Doeblin), vividas na Babel moderna da grande cidade, são sincronizadas com temas bíblicos.

Em todas estas e em muitas outras obras se nota, em grau maior ou menor, esta desrealização, abstração e desindividualização de que partimos, evidente tentativa de superar a dimensão da realidade sensível para chegar, segundo as palavras do pintor expressionista Franz Marc, à "essência absoluta que vive por trás da aparência que vemos".

6

No romance do século passado a perspectiva, a plasticidade das personagens e a ilusão da realidade foram criadas por uma espécie de truque: o romancista, onisciente, adotando por assim dizer uma visão estereoscópica ou tridimensional, enfocava as suas personagens logo de dentro, logo de fora, conhecia-lhes o futuro e o passado empíricos, biográficos, situava-as num ambiente de cujo plano de fundo se destacavam com nitidez, realçava-lhes a verossimilhança (aparência da verdade) conduzindo-as ao longo de um enredo cronológico (retrocessos no tempo eram marcados como tais), de encadeamento causal. O narrador, mesmo quando não se manifestava de um modo acentuado, desaparecendo por trás da obra como se esta se narrasse sozinha, impunha-lhe uma ordem que se assemelhava à projeção a partir de uma consciência situada fora ou acima do contexto narrativo. Por mais fictício que seja o imperfeito da narração, esta voz gramatical revela distância e indica que o narrador não faz parte dos sucessos, ainda que se apresente como Eu que alega narrar as próprias aventuras: o Eu que narra já se distanciou o suficiente do Eu passado (narrado) para ter a visão perspectívica. O Eu passado já se tornou objeto para o Eu narrador. É digno de nota a grande quantidade de romances modernos narrados na voz do presente, quer para eliminar a impressão de distância entre o narrador e o mundo narrado, quer para apresentar a "geometria" de um mundo eterno, sem tempo.

O primeiro grande romancista que rompe a tradição do século XIX, conquanto ainda de modo moderado, é Marcel Proust: para o narrador do seu grande romance o mundo já não é um dado objetivo e sim vivência subjetiva; o romance se passa no íntimo do narrador, as perspectivas se borram, as pessoas se fragmentam, visto que a cronologia se confunde no tempo vivido; a reminiscência transforma o passado em atualidade. Como o narrador já não se encontra fora da situação narrada e sim profundamente envolvido nela não há a distância que produz a visão perspectívica.

Quanto mais o narrador se envolve na situação, através da visão microscópica e da voz do presente, tanto mais os contornos nítidos se confundem; o mundo narrado se torna opaco e caótico. Vimos que esta "técnica", se de um lado é causa, de outro lado é resultado do fato de que, conforme a expressão de Virgínia Woolf, a vida atual é feita de trevas impenetráveis que não permitem a visão circunspecta do romancista tradicional.

92

Em muitos romances de transição o próprio narrador começa a ironizar a sua perspectiva ainda convencional. Chega mesmo a desculpar-se por saber tanto a respeito de personagens de que não pode conhecer as emoções e a biografia mais íntimas.

Surge então a tentativa de superar tais dúvidas através da autoridade do mito: o narrador, ente humano como suas figuras, participa das mesmas estruturas coletivas: não as inventa. Os mecanismos psíquicos são os mesmos em todos os seres humanos: ele mesmo os vive. Não descreve a psicologia individual de Fulano e Sicrano que, de fato, não pode conhecer; descreve processos fundamentais de dentro da personagem que se confunde com o narrador no monólogo interior. A romancista Nathalie Sarraute acentua que "o leitor se encontra de chofre no íntimo, no mesmo lugar em que se encontra o autor, numa profundeza em que nada mais permanece das marcas confortáveis com cujo auxílio (o autor tradicional) constrói a personagem fictícia. Ele submerge... numa matéria tão anônima como o sangue, num magma sem nome ou contornos" (*L'Ere de Soupçon*). Nos seus próprios romances, vai tecnicamente muito além de Proust. Já não existe um Eu narrador fixo face a um Eu narrado em transformação; o próprio Eu narrador se transforma constantemente, como se a autora quisesse demonstrar a relatividade de tudo e a teoria de Einstein; possivelmente a relatividade da própria teoria da relatividade.

7

Se neste tipo de romances o narrador objetivo se omite, lançando-se, junto com o mundo exterior, no fluxo da consciência caótica da personagem, há outros tipos de narrativas em que o narrador se omite — ou pelo menos supera o narrador tradicional — pela enfocação rígida das personagens somente de fora: renuncia a conhecer-lhes a intimidade. Descreve-lhes apenas o comportamento exterior e reproduz os diálogos. Nunca lhes penetra a alma.

Em alguns contos admiráveis, Hemingway aplicou com rigor esta técnica derivada da psicologia comportamentista ("Behaviorism" — psicologia que elimina qualquer referência à vida psíquica). É uma focalização que se presta de início a dar vida intensa a um mundo heróico e primitivo em que a psicologia é substituída pela ação. Mas a perspectiva unilateral, ligada a um estilo seco e impessoal, isento de quaisquer explicações causais, torna as personagens estranhas e impenetráveis, num mundo igualmente estranho e indevassável. Neste mundo, os seres humanos tendem a tornar-se objetos sem alma entre objetos sem alma, entes "estrangeiros", solitários, sem comunicação.

É precisamente *L' Étranger* que se chama o melhor romance de Camus. Esta obra, curiosamente, é narrada na forma do Eu, mas com a técnica behaviorista.

É um Eu que nada tem a narrar sobre a sua vida íntima porque não a tem ou não a conhece — é um "falso Eu", como foi chamado. Não tem dimensão interior, vive planando na superfície das sensações. O próprio assassínio que comete é conseqüência de um reflexo e não de ódios ou emoções íntimas. O tribunal que o condena tenta restituir-lhe a alma para poder condená-lo. Introjeta nele motivos que não tivera, maldades que não conhecera, uma coerência de atitudes que ignorara. Faz dele personagem de romance tradicional para poder condená-lo. Esse tribunal absurdo é um grande símbolo da alienação: entre o réu — cidadão de quem o Estado e seu tribunal tiram o seu direito e força — e este mesmo tribunal criado pelo cidadão, já não existe a mínima relação. Reconhecemos, em certa medida, o tribunal de Kafka: este, porém, exprimiu a profunda dúvida em face da alienação interposta entre o homem "exilado" e o poder metafísico insondável que o esmaga. Em Camus já não há dúvida, apenas a afirmação do absurdo.

Notamos nesta obra de Camus algo da óptica "surrealista" de Kafka, com suas "personagens em projeto" que nem nome têm e que vivem no tempo paralisado da espera (como as personagens da peça *Esperando Godot*, de Beckett): perspectiva falsa e exagerada dos surrealistas que corresponde com precisão a este mito da frustração e da impossibilidade de reencontrar a unidade perdida: o pecado é a própria individuação. Kafka, com efeito, escreveu o mito da impossibilidade do retorno ao mundo mítico.

Também neste tipo de romances se verifica o abandono completo da psicologia "retratista" do romance tradicional (psicologia e romance que, em *L'Étranger*, são objetos de paródia). Ainda o mesmo ocorre nas obras, cujo tema é a simultaneidade da vida coletiva de uma casa ou cidade ou de um amplo espaço geográfico num segmento de tempo. O grande modelo de tais romances é *USA*, de Dos Passos, cuja técnica encontramos também em *Berlim Alexanderplatz*, *Le Sursis* (Sartre) ou, mais recentemente, embora modificada, em *Passage de Milan*, de Michel Butor, bem como em muitos outros romances. A técnica simultânea joga com grandes espaços e coletivos. Elimina, quase sempre, o centro pessoal ou a enfocação coerente e sucessiva de uma personagem central. Os indivíduos — quase totalmente desindividualizados — são lançados no turbilhão de uma montagem caótica de monólogos interiores, notícias de jornal, estatísticas, cartazes de propaganda, informações políticas e meteorológicas, itinerários de bonde — montagem que reproduz, à maneira de rapidíssimos cortes cinematográficos, o redemoinho da vida metropolitana. O indivíduo dissolve-se na polifonia de vastos afrescos que tendem a abandonar por inteiro a ilusão óptica da perspectiva, já em si destruída pela simultaneidade dos acontecimentos, a qual substitui a cronologia. Poder-se-ia falar de um enfocação telescópica, de grande distância, cujo efeito é o mesmo da microscópica — o "achatamento" do objeto — se o foco não se dissolvesse junto com as personagens visadas, neste mundo imenso da realidade social que sufoca o "elemento" humano.

Vemos, portanto, que a perspectiva tanto se desfaz nos romances em que o narrador submerge, por inteiro, na vida psíquica da sua personagem, como naqueles em que se lança no rodopiar do mundo. Quer o mundo se dissolva na consciência, quer a consciência no mundo, tragada pela vaga da realidade coletiva, em ambos os casos o narrador se confessa incapaz ou desautorizado a manter-se na posição distanciada e superior do narrador "realista" que projeta um mundo de ilusão a partir da sua posição privilegiada. Essa distância é precisamente exagerada e acentuada ao extremo na perspectiva deformada que, falando de Camus e Kafka, chamamos de "surrealista". Curiosamente, em todos os três casos os resultados se assemelham: no primeiro, o indivíduo desfaz o mundo e deixa de ser pessoa íntegra, pois esta só se define no mundo, destacando-se dele; no segundo caso, o mundo desfaz o indivíduo que, também nesta enfocação, deixa de ser pessoa íntegra. E no último caso abre-se um abismo entre indivíduo e mundo e, ainda nesta óptica, a pessoa perde a sua integridade. Todas as três perspectivas, sendo sintomas de um grave desequilíbrio, são, como sintomas, ao mesmo tempo expressão verdadeira das transformações ameaçadoras que a perspectiva equilibrada do romance tradicional, quando usada em nossos dias, timbra em ignorar.

8

Nestas páginas não foi tentado apresentar uma teoria e sim uma série de hipóteses que, como todas as analogias entre as diversas artes, devem ser encaradas com certa reserva. Muito menos foi tentado apresentar um quadro completo das novas enfocações. Não foi abordado o romance existencialista, nem o romance "geométrico" de A. Robbe-Grillet que, por exemplo, em *Jalousie*, tenta reproduzir o eterno ritmo "gráfico", por assim dizer o padrão geométrico, do ciúme como tal, eliminando por inteiro a personagem que é portadora deste ciúme.

Entretanto, mesmo à base desta exposição rudimentar é óbvio que preocupações semelhantes, decorrendo do mesmo *Zeitgeist*, se manifestam na pintura e no romance (e, sem dúvida, nas outras artes). Não chegamos a conclusões tão radicais como Marcel Brion ou Hans Sedlmayr: de que a arte moderna seria essencialmente religiosa ou irreligiosa. Mas sem dúvida se exprime na arte moderna uma nova visão do homem e da realidade ou, melhor, a tentativa de redefinir a situação do homem e do indivíduo, tentativa que se revela no próprio esforço de assimilar, na estrutura da obra-de-arte (e não apenas na temática), a precariedade da posição do indivíduo no mundo moderno. A fé renascentista na posição privilegiada do indivíduo desapareceu.

O modo de abordar o problema foi, evidentemente, um pouco arbitrário. Nem todas as facetas puderam ser visadas a partir dos momentos da abstração, da eliminação do retrato individual e da ausência ou deformação da perspectiva. Mas esta nossa enfocação, sabendo-se unilateral embora flutuante como um mobile de Calder, tentou incorporar na própria estrutura deste trabalho a dúvida, através da constante retomada do fio do raciocínio e do círculo — talvez vicioso — das cogitações. O que importa é a fertilidade desta perspectiva, ainda que ela seja precária como são hoje todas as perspectivas.

PSICOLOGIA PROFUNDA E CRÍTICA

1

Tornou-se ultimamente uso convidar psiquiatras e sobretudo psicanalistas para analisar publicamente peças teatrais e filmes. Os promotores desses debates podem contar, em geral, com grande afluência de um público que parece atribuir principalmente aos psicanalistas capacidades mágicas na interpretação de peças e fitas. Uma vez que se trata de representantes da "psicologia profunda", decerto se pensa que eles possam dar explicações profundas de obras-de-arte.

Não cabe a um leigo, convencido, ademais, da contribuição importante da psicanálise (e derivados) para o conhecimento do homem, focalizar criticamente o que, hoje em dia, se tornou um "complexo" de teorias e concepções extremamente complexas. Concepções, aliás, tão divergentes, já na própria fonte freudiana, para não falar de elaborações posteriores como as de Adler, Reich, Stekel, Horney, Alexander, Sullivan. Jung, Klein e tantos outros, que o *status* de ciência da psicanálise, segundo críticos especializados, se encontra gravemente abalado. Semelhante opinião vem sendo externada por muitos especialistas também por razões epistemológicas; alguns se referem à aparente fragilidade ou definição ambígua de conceitos fundamentais da psicanálise e dos seus desdobramentos, tais como os do impulso, do princípio do prazer — contraposto ao da realidade — e do próprio teorema do inconsciente, para não falar do inconsciente coletivo de Jung; realçam o oscilar de Freud entre concepções teleológicas e puramente causais, fato que produziu formulações bastante equívocas; ainda outros se voltam contra as superadas concepções antropológicas de Freud, p. ex., a sua visão unilateral, radicalmente patriarcal, da família. Certos críticos afirmam que Freud se debatia no fundo com problemas metafísicos, carga pouco conveniente para uma ciência que se julga empírica e positiva e não uma disciplina especulativa. Grande parte dos críticos põe em dúvida a "prova" da "cura", não só porque o próprio conceito da cura, neste terreno, é precário, mas sobretudo por evidenciar-se que psicoterapias diversas, baseadas em teorias bastante afastadas daquelas da psicanálise original, apresentam mais ou menos o mesmo índice de prováveis curas.

Aos interessados recomenda-se a leitura de *Depth Psychology, a critical history* (W. W. Norton & Cia.), do psicanalista Dieter Wyss, e o estudo de Robert L. Zimmermann, *Freudianism* (em *Commentary*, Nova Iorque, junho de 1967).

2

Se ao leigo convém abster-se de julgar os méritos científicos da psicanálise, não se pode negar-lhe, todavia, o direito de discutir a sua importância na aplicação à crítica de obras-de-arte, especialmente obras de ficção. O problema vem sendo discutido há décadas e pouco de novo se pode acrescentar a tantas apreciações negativas e positivas. O fito dessa contribuição é menos o de resumir e repetir argumentos do que o de apresentar alguns exemplos para demonstrar que a aplicação da psicologia profunda à ficção deve cercar-se de precauções excepcionais. Não se trata aqui de debater a teoria da criação artística de Freud, teoria um tanto romântica, generalização muito apressada: o artista, concebido como neurótico, se resguardaria da loucura mercê da criação de obras-de-arte, conquanto deste modo dificulte ou torne impossível a "cura verdadeira". Tampouco se trata de discutir o uso de obras artísticas como uma espécie de dados clínicos para, a partir delas, investigar as anomalias psíquicas dos respectivos autores. No primeiro caso se trata de uma teoria psicológica do criador, disciplina auxiliar de uma estética geral. No segundo caso, a obra serve apenas de material, mais ou menos equiparado a qualquer outro material não-artístico, para diagnosticar as neuroses do autor. Por ocasião de um dos debates mencionados, um espectador perguntou se a peça *Édipo Rei* poderia ser considerada sintoma de um complexo de Édipo não resolvido com que se teria debatido Sófocles, ao que um dos analistas presentes não hesitou em dar uma resposta afirmativa, sem tomar em conta que Sófocles, afinal, se baseava num mito tradicional.

Essa segunda aplicação da psicologia profunda, muito freqüente e já inaugurada por Freud, pode ser de interesse principalmente para os próprios psicanalistas e, sem dúvida, também para os críticos, quando feita com mais seriedade e cautela que no exemplo mencionado. Embora o homossexualismo de W. Whitman não desmereça a sua poesia, como acredita Mark Van Doren, e o complexo masoquista, as fantasias masturbatórias e o latente homossexualismo, descobertos por René Laforgue em Baudelaire, tampouco afetem a grandeza das *Flores do Mal,* as neuroses ou peculiaridades psíquicas dos autores indubitavelmente podem ser de certo interesse para os que lhes estudam as obras. Deve-se, contudo, evitar a "falácia genética", freqüente entre psicanalistas, isto é, a tendência de interpretar e valorizar a obra, que é uma estrutura estética autônoma e como tal deve ser apreciada, sem as necessárias precauções em termos biográficos e de processos psíquicos do autor. Os analistas não costumam tomar em conta que é extremamente difícil fazer inferências válidas à base da análise de uma estrutura específica, como é o ser espiritual objetivado de uma obra-de-arte, acerca de uma estrutura psíquica, categorial e ontologicamente muito diversa daquela. Basta dizer que os traumas edipianos, como processos inconscientes, devem ou deveriam ser explicados em termos causais, ao passo que a obra-de-arte é uma totalidade significativa irredutível ao nexo causal, da mesma forma como é impossível reduzir o juízo lógico ao ato de julgar.

3

O verdadeiro terreno da crítica é obviamente a análise da própria obra (para a qual a do autor certamente pode fornecer dados marginais). Também neste terceiro campo muitos adeptos da psicanálise, quer de correntes ortodoxas, quer heréticas, desenvolveram ampla atividade, analisando e interpretando personagens, o significado simbólico (sexual) do mundo objectual imaginário, os mecanismos inconscientes e as respectivas implicações, a metafórica, os padrões arquetípicos e as raízes míticas de determinadas obras ficcionais (campo

102

em que o pensamento de Jung, apesar da teoria frágil do "inconsciente coletivo", prestou serviços interessantes).

O próprio Freud, suficientemente criterioso para salientar (na sua patografia de Leonardo da Vinci) que "a natureza da realização artística é psicanaliticamente inacessível a nós", fez a interpretação de uma obra narrativa do autor dinamarquês Wilhelm Jensen (*Gradiva*), para não mencionar o trabalho metodicamente dúbio sobre Dostoievski. A análise da estrutura onírica da obra de Jensen é excelente. A narração, todavia, é bem fraquinha e não se afigura melhor pelo fato de Freud considerá-la de qualidade superior, simplesmente por corresponder às hipóteses freudianas acerca dos mecanismos oníricos. Tanto a correspondência como a não-correspondência com essas concepções são esteticamente de importância secundária. Desde então a aplicação das diversas teorias da psicologia profunda à interpretação de obras ficcionais foi freqüente, determinando por vezes, como no caso de Maud Bodkin ou W. Empson, resultados relevantes [1].

4

Apesar de tais e outros resultados positivos, a contribuição psicanalítica neste campo deve ser encarada com certas reservas. O emprego não muito criterioso dos princípios da psicologia profunda tem produzido resultados muitas vezes negativos. Tende-se a ressaltar e dar importância unilateral ou mesmo exclusiva a aspectos pouco relevantes para a apreciação da totalidade das respectivas obras. Nota-se a tendência de

(1) Stanley E. Hyman, em *The armed vision* (Vintage Book), informa amplamente sobre esta contribuição; Kenneth Burke, em *The philosophy of literary form* (ver o ensaio *Freud and the analysis of poetry*), apresenta uma apreciação bastante favorável, embora crítica, da aplicação de teorias freudianas à crítica literária; Dante Moreira Leite, em *Psicologia e literatura* (Companhia Editora Nacional), apresenta um estudo amplo e equilibrado das relações entre a psicologia moderna e a literatura.

reduzir a riqueza dos vários planos, o verbal, o do enredo, dos personagens e situações, dos conflitos e choques de múltiplos valores e das possíveis camadas metafísicas, sempre ao mesmo complexo de Édipo (ou Electra). Tal processo, além do resultado extremamente monótono, empobrece a visão da singularidade de cada obra, para não falar da freqüente irrelevância dessa redução para o entendimento da validade propriamente estética da obra ficcional. A redução da totalidade complexa aos elementos simples (por mais que, no caso, se trate do "complexo" de Édipo), é um método típico das ciências naturais, cuja aplicação às ciências culturais e em particular a obras-de-arte e à sua crítica é sumamente duvidosa. Precisamente a complexidade e a riqueza singular *desta* obra determinada são valores estéticos. É principalmente a partir de Dilthey (e de seu pensamento estruturalista) que tal redução se tornou alvo de críticas. A redução ao simples para "explicar" não contribui necessariamente para a "compreensão" do todo estético e dos seus valores. Não sem razão disse Kenneth Burke que as explanações naturalistas são simplificações e, pelo menos na arte, "every simplification is an oversimplification". Há quase cem anos se repete que o todo é um fenômeno inteiramente novo em face dos elementos que o compõem e a que não é possível reduzi-lo. O valor da obra não reside nos problemas edipianos de determinado personagem, mas naquilo que deles foi feito, isto é, precisamente naquilo que os encobre, ou seja, no texto manifesto que muitos psicanalistas tendem a "usar" como "material" e "sintoma" de repressões, como mera aparência, como superfície que mascara o "fundo", a saber, o complexo de Édipo. Tal ponto de vista, talvez certo para o terapeuta, é quase sempre irrelevante para o crítico de arte. Em arte precisamente a superfície é "tudo", como disse Goethe com certo exagero. A interpretação dos "planos de

104

fundo", muito mais ricos do que os momentos geralmente destacados pela psicanálise (embora estes certamente também possam merecer atenção), deve ocorrer em constante contato com a "superfície" que não é simplesmente uma espécie de pista, apenas examinada para levar-nos ao criminoso, mas que faz parte integral da obra e, basicamente, a constitui.

5 (Rei Édipo)

Tais vícios — não necessariamente inerentes à crítica psicanalítica — ressaltaram num debate realizado em São Paulo, há já bastante tempo, e dedicado ao *Rei Édipo*. Reduziu-se a obra, na ocasião, como não poderia deixar de ocorrer num debate dessa ordem, ao complexo de Édipo de Édipo. O imenso público reunido certamente aprendeu mais sobre a psicanálise do que sobre a peça. Não sem razão disse Georges Bataille que partindo da psicanálise arriscamo-nos a encontrar nada senão a própria psicanálise, assim como "a tentativa de elucidar Blake à base de Jung ensina-nos mais sobre a teoria de Jung que sobre os propósitos de Blake". Salvo certas intervenções de psicanalistas mais cautelosos, transformou-se, na ocasião, o herói mais lúcido da dramaturgia grega em joguete do seu inconsciente. Embora tal interpretação possa ser parcialmente esclarecedora, o acento unilateral posto na história anterior à peça propriamente dita — que consiste na revelação dramática dessa pré-história — realçou muito mais o mito do que a arte de Sófocles. No fundo destruiu-se o herói e com isso a tragédia. O herói de uma tragédia grega, enquanto herói, é por definição consciente no que se refere às suas opções decisivas, apesar da "hamartia" que não é inconsciência no sentido freudiano e sim erro, cegueira na avaliação da situação. O herói enfrenta conscientemente o seu destino. Conscientemente Édipo insiste em solucionar o enigma da sua origem e quando já sabe — como o sabe a sua esposa e mãe ao aconselhá-lo a desistir da indagação — que, prosseguindo na investigação, irá destruir-se, opta conscientemente pelo conhecimento da verdade e pela revelação pública do segredo terrível, ainda que isso resulte em desgraça horrenda para ele e sua família. Édipo é um herói trágico por enfrentar, com dignidade e de forma incondicional, o seu destino e não por ser vítima do seu inconsciente. Esse desafio, essa necessidade, talvez desmedida, de saber e esse sentimento de dever para com a cidade que só se salvará da peste se o assassínio do rei anterior (pai de Édipo, morto pelo próprio Édipo), tiver sido vingado — são estes momentos que de fato constituem o núcleo propriamente dramático da peça enquanto posta em cena. É por isso que Édipo é herói e não por ter morto, bem antes do início do drama como tal, um desconhecido, ignorando tratar-se do pai, e casado com a viúva, ignorando tratar-se da mãe.

Quase nada se falou da maravilhosa textura da peça: o perseguidor e o perseguido são, ironicamente, uma só pessoa; o cego é vidente e o vidente é cego; quem salvou a cidade da esfinge, tornando-se rei, desgraçou a cidade pela peste e só a salvará aniquilando-se. O rei Laio deu a vida a quem deve destruí-lo e se destrói precisamente por querer destruir o seu destruidor. Os que fogem se encontram e os que querem salvar contribuem para aniquilar, como os que querem consolar provocam aflição ainda maior. Não se falou da extraordinária dialética dos oráculos, nem da famosa ironia trágica da peça. A visão metafísica de um universo já insondável, com deuses remotos, cujos desígnios são inacessíveis à fraca mente humana, a concepção no fundo bem moderna de uma culpa metafísica, objetiva (pense-se em Kafka) — tudo isso foi reduzido a um "complexo de culpa", a "projeções" e ao caso mais ou menos patológico de um indivíduo neurótico que, já adulto, não superou os seus problemas infantis e que, aliás, não poderia ter desenvolvido o complexo com relação a Laio e Jocasta porque foi precocemente afastado da casa paterna.

6 (*Arthur Miller*)

Mais viável se afigura a abordagem psicanalítica de peças como *Quem tem medo de Virgínia Woolf?* (analisada de forma sagaz — embora unilateral e limitadora — por Waldemar Zusman [2]), ou *Depois da Queda,* já que os próprios autores aplicam conscientemente idéias psicanalíticas. Isso, aliás, prejudica a última peça que, devido a esse fato, veio a ter um pouco a forma de um funil um tanto esburacado nas paredes laterais. De início, Arthur Miller derrama na ampla abertura superior todos os problemas sociais e metafísicos do nosso tempo e no fim sai, pelo furo inferior, um fiozinho de casamento, esperança e possível *happy end.* O autor ou não percebeu que o resto se perdeu no caminho, na peneira intermediária, ou acredita de fato que a terapêutica psicanalítica resolverá os problemas do mundo. A essa conclusão pelo menos chegaram alguns dos psicanalistas presentes, ao analisarem a peça por ocasião de um debate num dos teatros de São Paulo. A obra, sem dúvida, tem alguns méritos que uma crítica hábil pode revelar. Mas a análise feita na ocasião ressaltou como positivo o que, em termos estéticos, é precisamente o mais negativo na peça. Começar com problemas gerais e acabar com soluções individuais não parece muito satisfatório em termos dramáticos. Semelhante estrutura encontra-se também no filme *Alphaville,* de Godard, fato que o torna pouco convincente. Mais válido se afigura o caminho inverso: abordar um caso particular e sugerir, pouco a pouco,

(2) Em *Revista Brasileira de Psicanálise,* 1968, nº 1.

que ele se liga a um contexto maior, talvez mesmo universal. A tendência dos psicanalistas, porém, costuma ser precisamente a de reduzir problemas gerais a casos particulares, mais ou menos patológicos, negando assim às respectivas obras aquela universalidade que se afigurava tão importante já a Aristóteles.

Com isso naturalmente não se pretende diminuir o interesse ficcional do personagem patológico. Mas a enfermidade ou a neurose só adquirem verdadeira relevância literária na medida em que o que ressalta não é o caso clínico individual, mas o significado representativo da doença enquanto indicadora de situações-limite, de virtualidades humanas típicas, reveladas através do caso extremo, de problemas gerais, de ordem metafísica, social ou moral, de que o caso patológico individual seria apenas uma manifestação particularmente expressiva. É neste sentido que a doença se torna tema importante p. ex. dos românticos; a loucura, estados de sonambulismo, excessos sadomasoquistas se inserem numa concepção ampla do ser humano e de um universo demonizado. Ressaltar aí apenas o caso clínico do personagem significaria ignorar toda uma concepção do mundo e todas as implicações de um estilo anticlássico.

A psicanálise, sem dúvida, considera o homem como um ser que em escala universal passou na sua infância por problemas edipianos, de modo que os casos anormais, não resolvidos, seriam prototípicos também para os normais. Freud atribuiu a isso a emoção que ainda hoje *Rei Édipo* costuma suscitar no público. Todavia, visto tratar-se de problemas normalmente ultrapassados na idade adulta (problemas, aliás, de qualquer modo inconscientes), resulta que o caso clínico tende a tornar-se, em geral, um fenômeno particular ou privado, à semelhança da dor de dente que, embora universal, é em cada caso "propriedade privada" do sofredor.

7 (A Bela da Tarde)

Sob o ponto de vista psicanalítico é muito interessante, mesmo para o leigo, a aguda patografia da protagonista de *A Bela da Tarde*, traçada por A. C. Pacheco e Silva Filho [3]. Neste sentido restrito ela se afigura ainda mais legítima porque o autor, usando o filme apenas como dado para a diagnose dos distúrbios da personagem, se exime de qualquer responsabilidade no tocante à "textura artística" que, como declara o ilustre especialista, "compete aos críticos de cinema analisar". Entretanto, como sói acontecer e como também aconteceu a Freud no caso de *Gradiva* (narração sem dúvida inferior à excelente fita de Buñuel), apesar dessa afirmação inicial, o autor depois de ter demonstrado que o comportamento de Severina decorre de profundos traumas edipianos, correspondentes exatamente às lições da psicanálise, chega a uma valorização estética extrema que, evidentemente, não deveria ser resultado da análise do complexo edipiano (esteticamente neutro), mas precisamente da análise da "textura artística" que o autor se eximiu de realizar. Lemos que "assim consegue o grande, genial mesmo Buñuel, repetir em têrmos modernos, a façanha de Sófocles, quando escreveu *Rei Édipo* transpondo como que uma versão feminina da famosa tragédia para a tela do cinema, realizando filme antológico, cuja repercussão sobre quem assiste é imensa, pois toca fantasias arcaicas do nosso inconsciente".

A esse respeito se deve observar que não há, em parte nenhuma, a mínima semelhança entre ambas as obras, a não ser que se faça a redução ao complexo de Édipo. Mas neste caso salta aos olhos, pelo menos dos psicanalistas, que *La Belle de Jour* se assemelha bem mais a *Electra*, a *Senhorita Júlia* (Strindberg), a *Nora*

(3) Em *O Estado de São Paulo*, 9 de junho de 1968.

(Ibsen), *Penthesileia* (Kleist), *Hamlet* e, aliás, a boa parte da ficção universal que, com grande persistência, costuma ser reduzida a variações do complexo de Édipo.

Deve-se ainda observar que o filme, se visasse realmente a uma "leitura" edipiana, sem dúvida teria insistido nas relações de Severina com os pais. No entanto, em parte nenhuma — pelo menos do filme — há qualquer alusão à mãe e há apenas uma única alusão brevíssima a um homem idoso (talvez o pai), numa cena recordada. Nela, a menina, acariciada por ele, não dá mostras de prazer (como supõe o analista do filme) e sim de aversão e repugnância.

Todos esses argumentos naturalmente não invalidam a patografia apresentada pelo autor do artigo, já que ao especialista certamente é possível inferir as causas psíquicas profundas e os problemas infantis apenas à base do comportamento ou das imaginações sadomasoquistas de Severina adulta. Ao crítico caberia verificar eventualmente se esta análise contribui de um modo plausível para interpretar o filme, elucidar-lhe a validade estética e explicar a intensidade da comunicação. Esta contribuição provavelmente existe conquanto a obra como tal, no seu contexto, nada contenha que sugira com necessidade a interpretação edipiana (visto faltar toda referência maior à infância da heroína e às suas relações com os pais). Mas esta contribuição seria restrita e pressuporia que fosse integrada numa leitura mais ampla e mais próxima do "texto".

O apreciador leigo em matéria de psicanálise (ou em qualquer outra especialidade científica), apreciador por assim dizer desprevenido e inocente (e o crítico sempre deveria partir *de início* dessa atitude humilde e pura), apreende uma obra-de-arte sem acentuado apriorismo teórico. Pressupõe-se inicialmente uma certa entrega às solicitações da obra, entrega em que, naturalmente, entram como material associativo os ele-

110

mentos comuns da nossa cultura geral da qual hoje também faz parte um conhecimento embora superficial da psicanálise (repressão, inconsciente, libido, agressividade etc.). A este apreciador comunica-se quase sem reflexão, através da mera apreensão das imagens, a beleza angelical e um pouco fria de Severina. Ela se afigura quase como um ideal cristão de castidade, imagem, aliás, que condiz com seu comportamento em face do marido. Entretanto, por trás desse semblante virginal manifesta-se uma vida imaginária extremamente sensual, de violentas aventuras sexuais em que se fundem elementos sádicos e masoquistas. Dizíamos "vida imaginária" embora muitas cenas possam ser concebidas como (ficticiamente) reais. Buñuel, aparentemente, preferiu borrar os limites entre o real e o imaginário para tornar Severina mais típica. O comportamento de Severina, mulher da sociedade, é completamente estranho e patológico, quando concebido como real, mas em certa medida verossímil e talvez mesmo típico, quando concebido como imaginário.

O que de qualquer modo ressalta é que a heroína é a bela máscara de uma mulher burguesa. Esse disfarce encobre um mundo violentamente contrário aos padrões oficiais. Tal duplicidade se relaciona, segundo o filme, com as convenções de uma sociedade sujeita a normas cristãs tradicionais. Pelo que sugere o filme, essas convenções sufocariam a expansão plena dos impulsos vitais. Impõem por isso uma máscara, toda uma aparência falsa que corromperia a realidade vital. O esquema dessa interpretação inicial corresponde ao da psicanálise (máscara e disfarce em face dos impulsos profundos), mas é muito mais amplo, visto poder absorver e abranger as concepções variadas dos grandes "desmascaradores" do século passado, p. ex. as de Schopenhauer, Nietzsche, Marx, Ibsen, Strindberg etc. Freud já se educou dentro deste esquema hoje familiar (dando-lhe uma nova versão), baseado sobretudo em

Schopenhauer. A raiz última dessa dicotomia entre ser e aparência se encontra evidentemente na filosofia de Platão.

Deve-se salientar que a máscara, enquanto símbolo do teatro, tem precisamente a função paradoxal de anular a máscara superficial dos papéis sociais. Revela, encobrindo o ser empírico do ator, a verdade mais profunda do personagem, cristalização representativa da condição e essência humana, tal como cada época ou autor a concebeu. A psicanálise interpreta essas interpretações artísticas por não achá-las suficientemente profundas e conceber as revelações da ficção como mais uma máscara, embora mais transparente que as empíricas (da mesma forma como os sonhos, disfarces de desejos encobertos, permitiriam desvendar estes últimos).

Severina, esse ser mascarado, encontra-se, portanto, numa tradição ampla que concebe o ser humano como dúplice. A sua máscara social é-lhe imposta pelo legado cristão da sociedade em que vive (esse aspecto é completamente omitido pela interpretação psicanalítica). O contexto religioso do filme é muito bem traçado através de muitas sugestões, entre as quais ressaltam a lembrança da primeira comunhão (com a recusa rebelde do sacramento), a cena da manada, obviamente imaginária (com os remotos e apagados sinos de uma igreja), tendo os animais nomes como Remorso e Expiação, a cena da lama, a primeira visita ao prostíbulo, acompanhada de novo pelos sinos de igreja, a cena do duelo, aparecendo Severina ferida e presa na árvore como São Sebastião.

Devido à imposição da máscara social resulta a separação total entre o amor físico e o amor espiritual, cujo objeto é o marido que trata Severina não como uma mulher na plenitude de suas forças vitais, mas como "anjo" e "colegial". O amor espiritual se reveste de uma delicadeza excessiva, visto faltar-lhe a intensa associação carnal, e em contrapartida o amor físico se manifesta com uma brutalidade excessiva, visto faltar-lhe o elemento espiritual. Toda a agressividade suscitada por uma sociedade sufocada por convenções rígidas descarrega-se no sadomasoquismo do amor físico (vivido real ou imaginariamente: isso é o que menos importa no filme). O amor físico é concebido como "lama", como violento e sadomasoquista (neste ponto a interpretação da psicologia profunda menos ortodoxa teria amplas possibilidades). Severina o imagina nestes termos, assumindo o papel de vítima, enquanto sua imaginação, profundamente sádica, atribui o papel de carrasco aos homens. Tendo introjetado os padrões oficiais (a esposa casta e assexual), Severina não pode manifestar prazer em face do marido que pertence ao mundo "diurno" da sociedade, nem entregar-se ao orgasmo. Dentro dos moldes do casamento convencional, ela tem de tornar-se fria, buscando a libertação fora do casamento (pelo menos imaginariamente).

Tudo que foi exposto é assaz óbvio, é vivência comum e conhecimento generalizado. O filme propõe o problema de um modo direto, e incisivo, através de imagens sugestivas, personagens bem elaboradas, situações complexas e dramáticas, por vezes chocantes, e um jogo hábil de pormenores. As razões pelas quais a obra se comunica com particular intensidade ao público feminino (como ressalta o dr. Pacheco e Silva Filho) são óbvias. Certamente não pode ser excluída a tese psicanalítica de que a razão profunda dessa comunicação intensa reside nas fantasias arcaicas, edipianas e inconscientes, desse mesmo público. Trata-se de uma hipótese que é difícil negar e difícil provar. Ao crítico, contudo, é em geral vedado recorrer ao que é considerado inconsciente. Tendo obtido uma impressão inicial favorável ou desfavorável do filme, cabe-lhe encontrar na própria obra os momentos que suscitaram esta impressão. A análise e interpretação da obra confirmará ou desmentirá a justeza da primeira impressão e valorização. Nesta ocasião a reflexão crítica revelará muitos momentos que não se tornaram de imediato conscientes, mas ela não poderá revelar o que é inconsciente no sentido psicanalítico. O processo crítico é um processo de lúcida objetivação, através da obra, de impressões inicialmente subjetivas. E não é possível objetivar e articular fantasias inconscientes, justamente por serem tais.

Belle de Jour (o nome tem conotação irônica) só através do mundo noturno do prostíbulo (mundo noturno, dionisíaco, fálico), ao qual se entrega quase em holocausto, pode libertar-se e tornar-se parceira plena na relação matrimonial. O libertino Husson desempenha nesta superação o papel um tanto demoníaco ou "hermético" de mediador, sugerindo a Severina o endereço da "casa alegre", injetando-lhe, por assim dizer, o "veneno". Com efeito, uma espécie de mensageiro, psicagogo e Hermes psicopompo, guia para o mundo ínfero, Husson entrega a Severina, enquanto mergulha com ela debaixo da mesa balouçante do restaurante invernal, um envelope com sementes de asfodelas, flores que podem (se quiserem) ser símbolos sexuais, mas que, antes de tudo, são, segundo a mitologia grega, flores do mundo ínfero, do Hades. Buñuel insiste nessas flores. O seu sentido é realçado na cena do caixão em que há também uma "descida" (debaixo do caixão balouçante), por parte do conde necrófilo. Quem quiser operar com a psicologia analítica de Jung, pode encontrar eventualmente neste contexto (sementes, abrochar, Hades, jogo de descida e subida etc.) o padrão arquetípico da ressurreição, isto é, do renascimento de Severina para uma vida mais plena.

Quanto à carruagem e aos cavalos negros, identificados pelo dr. Pacheco e Silva Filho logo com a morte (o que caberia dentro deste contexto), logo com alusões sexuais (o que caberia também), talvez se deva acrescentar que este símbolo sugere sobretudo e de um modo mais imediato o passado e as tradições rígidas de que Severina procura libertar-se. Na primeira aparição da carruagem surge no plano de fundo um automóvel, o que realça o passadismo da carruagem. Uma fixação no passado (convenções tradicionais) evidentemente pode ser equiparada com a morte — essa fusão é um dos temas fundamentais das obras, p. ex., de Thomas Mann.

A ligeira "leitura" apresentada — uma das muitas possíveis — apresenta em face da psicanalítica algumas vantagens: ela se baseia no "texto" manifesto do filme, sem recorrer a inferências apriorísticas provindas de uma teoria exterior à obra; ela manipula somente noções da nossa cultura geral (incluindo alguns elementos corriqueiros da psicanálise) e se as ultrapassa um pouco (como na exegese mitológica das flores), baseia-se em dados repetidos e insistentes do filme; ela é suficientemente ampla para permitir a eventual inserção de interpretações psicanalíticas mais pormenorizadas; ela se afigura mais plausível ao público não especializado em teorias psicanalíticas; ela explica de um modo mais compreensível a fácil comunicação do filme com um grande número de espectadores, sem recorrer à hipótese dúbia de fantasias arcaicas inconscientes; ela tem alcance mais universal (o que valoriza esteticamente a obra) por ultrapassar a suposição da anormalidade de Severina ou por integrar esta possível anormalidade num contexto mais geral, mais "público", tornando-a pois, mais relevante.

8 (*Hamlet*)

Deve-se insistir na plausibilidade e verossimilhança de uma interpretação com referência ao texto da obra. Neste sentido parece apresentar graves falhas mesmo a crítica de *Hamlet*, tal como elaborada pelo psicanalista Ernest Jones, geralmente julgada como uma das mais perfeitas neste campo.

Os méritos desta famosa análise, que se acrescenta à de Freud, são indiscutíveis [4]. É importante que tenha sido chamada a atenção sobre a relação específica de Hamlet para com sua mãe. Curiosamente, o que interessa sobretudo aos analistas não é o fato de que, desmoronada a fé na pureza da mãe amada, encarnação de todos os valores, desmoronaram para o filho *todos os valores*, o que explicaria não somente a sua dificuldade de agir, mas também os caprichos violentos da sua ação (pois sem fé em valores não se pode agir com continuidade e firme determinação). Os psicanalistas, ao contrário, realçam a suposição de que Hamlet, eroticamente ligado à mãe, não poderia matar o tio, por ser este autor de um crime que ele, inconscientemente, também quisera cometer. Para um pensamento mais singelo pareceria, neste caso, mais plausível que precisamente por isso, por sentir ciúmes, Hamlet teria o desejo de matar a quem lhe roubou o objeto do amor. Mas o raciocínio psicanalítico é mais sinuoso. A interpretação óbvia é sempre errada. A psique humana é um labirinto de repressões, deslocações, condensações, projeções, identificações, dissociações, racionalizações, substituições, sublimações, compensações, regressões, fixações, conversões etc. Hamlet evidentemente (embora inconscientemente) odiou o pai assassinado e isso é evidenciado pelo fato de afirmar insistente e sinceramente que o amou e adorou. Quanto ao tio tirano, assassino do pai, além de ser "no fundo" um desdobramento deste (decomposição típica nas versões recalcadas do mito original), representa também o próprio Hamlet, já que "no fundo" é este que queria matar o pai. Por isso mesmo encontra dificuldades em vingar a quem ele

(4) *Hamlet and Oedipus*, Londres, 1949; *Essays in applied psycho-analysis*, Londres, 1951, vol. I.

mesmo quisera matar e assassinar com quem, no fundo, se identifica.

Embora nada disso seja sugerido nem remotamente pelo texto, o cidadão moderno, suficientemente sofisticado, aceitará tudo isso como bastante plausível. Afinal, todos nós sofremos há décadas a influência da psicanálise. Ela entrou nos nossos hábitos mentais. De vez em quando, todavia, é preciso fazer um esforço para ler um texto com inocência. E então, num certo ponto, se deverá ter a coragem de recusar-se a seguir o raciocínio psicanalítico, negando-lhe a plausibilidade enquanto interpretação de textos ficcionais. Este ponto é alcançado quando Jones afirma que Hamlet, ao assassinar Polônio, "no fundo" não liquidou Polônio e sim mais um desdobramento do próprio pai, agindo ao mesmo tempo como substituto de Laerte (filho de Polônio). É que Laerte, "no fundo", também queria matar o pai dele, embora na peça faça um esforço tremendo para vingá-lo, ao pai Polônio, que, de resto, como vimos, nada é senão outra imagem do pai de Hamlet. Que o filho possa querer vingar *realmente* o pai, é uma idéia absurda. É impositivo que queira, no fundo, matá-lo. "A imagem que se oferece aí (na peça) do filho como sendo um vingador em vez de um assassino (do pai), ilustra o grau mais elevado da repressão psicológica, mercê da qual o significado verdadeiro da história é encoberto..." Jones chega ao ponto de sugerir que, "no fundo", só se pode matar o pai — nenhum outro indivíduo. Qualquer que seja o indivíduo que matamos, matamos sempre o pai. Se Hamlet mata Laerte, mata-o por ser, como Polônio (de quem Laerte é filho), a imagem paterna. Mas visto que Laerte mata, por sua vez, Hamlet, Laerte é forçosamente, além de pai de Hamlet, também filho de Hamlet que, neste caso, é substituto de Polônio a quem Laerte de qualquer modo desejava, no fundo, matar, embora conscientemente pretenda querer vingá-lo. O duelo entre Hamlet e Laerte é, portanto, um duelo entre pai e filho, sendo que ambos representam ao mesmo tempo e mutuamente os papéis tanto de pai como de filho. É neste ponto que se começa a concordar, um pouco pelo menos, com a piada do famoso crítico austríaco Karl Kraus, segundo a qual a psicanálise é exatamente aquela doença que ela pretende curar. Não é preciso acrescentar que a relação incestuosa de Cláudio igual a Hamlet para com Gertrudes (cunhada e mãe) se identifica com a de Laerte igual a Hamlet com referência a Ofélia. É claro que esta última relação é um derivado do tema edipiano filho-mãe. Portanto, explica Jones, "durante toda a peça vemos retornar, a cada momento, o tema do conflito filho-pai".

E. Jones é de fato um grande conhecedor de Shakespeare e decerto um psicanalista competente. Sua contribuição como crítico é sem dúvida valiosa, mas foi exagerada pelos adeptos da psicologia profunda. A partir de certo momento, a sua interpretação não só deixa de convencer, mas torna-se desvairada, perdendo qualquer relação, por mais remota que seja, com a peça. É conveniente absorver como antídoto a opinião de Kitto de que "temos de ficar dentro do drama, não devemos tentar espiar os personagens por uma janela da nossa própria construção", o que não implica termos de concordar inteiramente com o mesmo autor, quando, a respeito de *Hamlet*, afirma que Shakespeare, "através da sua arte, disse exatamente aquilo que era sua opinião e que por isso a sua opinião é exatamente aquilo que disse" [5]. Em face da maneira muitas vezes arbitrária de muitos psicanalistas usarem o texto como trampolim para os seus saltos e mergulhos, a concepção citada é saudável. Todavia, não conhecemos a opinião de Shakespeare e aquilo que ele disse permite

(5) H. D. F. Kitto, *Form and meaning in drama*, Londres, 1959.

uma grande variedade de interpretações, entre as quais a psicanalítica tem seu lugar, embora este não seja tão relevante como o grande público no momento parece acreditar.

Se Kitto supõe poder definir exatamente o significado de um texto poético pelo que nele se exprime de um modo literal e manifesto, o perigo da psicanálise é supor que o texto de uma obra nunca deva ser entendido como significando o que diz, mas o que encobre — o que em geral é exatamente o contrário do que diz. Se Hamlet, no aposento da mãe, enaltece o pai assassinado como a imagem ideal do homem e a encarnação das virtualidades humanas máximas, o psicanalista conclui que, no fundo, o odeia e quisera eliminá-lo. Há um violento conflito entre o "id" e o "superego" favorável ao pai, daí a neurose do herói. É claro que todo esse processo é inconsciente no personagem Hamlet, da mesma forma como Hamlet é uma expressão inconsciente do próprio Shakespeare que, graças à maravilhosa intuição do seu inconsciente, projetou no personagem os seus problemas edipianos. O público, por sua vez, assiste à peça profundamente comovido, graças às fantasias arcaicas do seu inconsciente. O processo de comunicação é, portanto, em todas as suas fases, inconsciente — na fonte (Shakespeare), nos elementos da mensagem (Hamlet), no receptor (público). Se Shakespeare não conhecia sua própria peça (o que de certo modo se admite), o público e os maiores críticos não conheciam durante séculos as razões do seu entusiasmo. Mesmo o crítico atual, visto a sua apreciação se basear, "no fundo", em fantasias arcaicas inconscientes, é de algum modo incompetente. No fundo, deveria submeter-se a uma análise prolongada para poder escrever uma crítica "consciensiosa".

II
TEMAS HISTÓRICOS

SHAKESPEARE
E O PENSAMENTO RENASCENTISTA

1 Idade Média e Renascimento.

Quem pretendesse apreender, numa fórmula *filosófica* simplificada, a transformação que se verifica na passagem da Idade Média para a Época Moderna, sentir-se-ia tentado a dizer que o pensamento tende a tornar-se, de um modo crescente, nominalista. Na Idade Média prepondera o realismo conceitual ou das universálias: a nomes e conceitos como "homem", "árvore". "animal" correspondem essências ou formas, manifestas não somente nos próprios seres assim denominados, mas chegando a precedê-los, visto que as idéias gerais têm um ser intemporal no "logos divino", mesmo antes de haverem sido criadas as coisas temporais e individuais. Ao criar estas últimas, Deus as moldou conforme essas idéias ou universálias, tidas como muito mais reais que os entes singulares, já que estes são passageiros, perecíveis, ao passo que aquelas são atemporais, eternas. O homem individual envelhece e morre, mas a idéia de homem – · o seu conceito ou, melhor, o objeto deste conceito — subsiste e não é degradada pela materialidade temporal.

O realismo conceitual liga-se intimamente à visão hierárquica da Idade Média. A plenitude da realidade não reside no múltiplo mundo sensível que nos cerca e sim no primeiro princípio, na causa e origem de todas as coisas, no ser uno e absoluto em que a multiplicidade dos fenômenos particulares se encontra, na sua essência, ou nas suas essências, prefigurada. É deste princípio supremo que emana e se "desenvolve" a multiplicidade do universo sensível. Não se trata, todavia, de um processo de desenvolvimento em sentido moderno e sim, antes, de um processo de degradação. A perfeição diminui na escala descendente dos arcanjos, anjos, serafins e querubins até os organismos terrenos e materiais; e a essa diminuição na escala do ser corresponde também um decréscimo na escala dos valores. Quanto mais distantes os entes se encontram do primeiro princípio, fonte de todas as coisas, tanto menor é seu valor e a plenitude de seu ser. Este pensamento neoplatônico impregna profundamente todas as concepções medievais, embora não corresponda exatamente à filosofia oficial. A cosmologia medieval afigura-se análoga a essa visão metafísica. A perfeição e a eternidade residem no mundo dos corpos celestes, feitos do quinto elemento, do éter, "quinta essência". Debaixo desta esfera, isto é, debaixo das esferas astrais e superiores, no mundo sublunar ou terreno, tudo é composto dos quatro elementos (ar, terra, fogo, água) e o que é composto forçosamente se decompõe. Este pensamento se aplica ainda ao próprio mundo terreno. Há a hierarquia religiosa, desde o papa, no ápice, até os graus inferiores do clero, na base; da mesma forma há, no mundo secular, a partir do imperador, a escala descendente dos príncipes, duques, condes e demais vassalos, até o povo miúdo. A força, a perfeição, o valor máximos residem sempre na cúpula, emanando daí para os degraus inferiores. Dificilmente se admitiria a idéia de que o poder emana de baixo (do povo). Ele se propaga de cima, dos mais elevados representantes de Deus. Este, mercê da graça divina, os muniu deste poder. Da mesma forma, seria inconcebível a concepção de um desenvolvimento ascendente, da ameba até ao homem, ou de que a verdadeira realidade se situa na multiplicidade das coisas singulares e sensíveis do nosso mundo temporal.

Essa visão hierárquica é, evidentemente, teocêntrica. Deus é o centro do ser e de todas as cogitações. Tudo é visto e concebido a partir do primeiro princípio, a partir de uma divindade bondosa e todo-poderosa. Decorre daí a harmonia universal de uma ordem em que não há lugar para o trágico. O universo medieval é um universo "explicado". Todos os processos temporais correspondem ao plano prefigurado de Deus e são, portanto, imbuídos de sentido, embora de um sentido por vezes inacessível à mente humana. Em última análise, tudo faz parte da História Sagrada que se estende desde Adão até o Juízo Final. Neste plano, mesmo o mal tem seu lugar providencial, visto contribuir para a harmonia maior do Todo. Mercê da graça e justiça divinas, os males e injustiças terrenas encontram sua retribuição e retificação justas no mundo celeste. O malfeitor condenado ao fogo eterno não é figura trágica; sofre apenas o castigo que lhe cabe. Tampouco é trágico o martírio do santo. Com seu sacrifício cumpre um destino excelso para maior glória de Deus. Nem pode ser trágica a paixão de Jesus: Deus não é personagem de tragédia, nem mesmo na sua condição humana.

Em termos filosóficos (pondo-se de lado os fatores político-sociais, econômicos, a poderosa influência das descobertas científicas e invenções técnicas), o abalo da visão medieval manifesta-se na radicalização do nominalismo pelos fins da Idade Média. Segundo o nominalismo, somente às coisas individuais, temporais, deve ser atribuída plena realidade. Os conceitos gerais que delas formamos pelo processo de abstração são apenas "nomes" (daí o termo "nominalismo"), apenas "sopro de voz". A conceitos gerais ou universálias como "animal" ou "homem" nada corresponde nos próprios seres, nem em qualquer outra parte. Os conceitos são apenas recursos mentais com que classificamos de modo econômico a multiplicidade dos seres reais. É bem visível que ao nominalismo se liga uma valorização muito maior do individual, do mundo temporal.

2 O Teatro e a Cosmovisão.

À decomposição do essencialismo medieval, expressa no avanço do nominalismo, corresponde o lento desaparecimento do palco medieval mais característico — o palco simultâneo. Na cena simultânea do teatro medieval os vários lugares em que se desenrola a paixão de Jesus — Belém, Jerusalém, o palácio de Pilatos, o paraíso, o inferno etc. — estavam de antemão justapostos num estrado, às vezes muito extenso. Essa simultaneidade (imediatamente visível ao público, visto que não havia o pano de boca) é expressão de um pensamento que concebe a sucessão temporal como prefigurada na eternidade atemporal do *logos* divino. Segundo Sto. Agostinho, a temporalidade sucessiva é apenas aparência humana. A eternidade divina é a simultaneidade de todos os tempos; nela, a origem coincide com o fim. O palco simultâneo é, pois, a cenarização precisa de uma concepção segundo a qual a plenitude real cabia às essências intemporais na mente divina e não à sua concretização material na sucessão do tempo. No *Auto de Adão* (século XII), o primeiro homem, embora terrivelmente assustado por ter cometido o pecado, manifesta desde logo o seu júbilo por saber que será redimido pelo sacrifício de Jesus. No plano horizontal da sucessão temporal, como ser humano empírico, treme ante seu pecado; mas como "essência", tem acesso vertical ao mundo divino e sabe da divina providência redentora em que tudo tem, desde sempre, seu lugar certo — mesmo o pecado que provocará a expulsão do paraíso. A graça divina que redimirá Adão já é, em todos os momentos, presente co-sabido, a personagem conhece de certo modo a História Sagrada desde os inícios até o Juízo Final. A imagem desta concepção é o palco simultâneo do mistério medieval em que os fenômenos singulares e individuais nada são senão o desdobramento de uma realidade absoluta, desde sempre prefigurada no *logos* divino. Vê-se bem que semelhante pensamento não é condição favorável ao trágico e nem sequer ao "dramático", já que não somente o público (isso se dá também no teatro grego). mas também a própria personagem conhece o seu destino final.

O Renascimento, evidentemente, não significa uma ruptura repentina com o pensamento medieval. Concepções renascentistas já se notam em plena Idade Média e idéias fundamentais do medievo exercem grande poder ainda em pleno século XVIII. As brechas vão aparecendo pouco a pouco e ampliam-se cada vez mais. O nominalismo, a valorização maior da multiplicidade dos fenômenos sensíveis, corrói lentamente as bases do essencialismo hierárquico. A realidade experimentada pelos sentidos adquire nova importância, a observação dos fenômenos estimula as ciências empíricas e estas, de combinação com o cálculo matemático, competem em autoridade com os sistemas escolásticos medievais. Toda a cosmologia aristotélica, com suas esferas siderais supraterrenas, de perfeição absoluta, regidas por leis outras que as que reinam no mundo sublunar, terreno, sofre o impacto da reviravolta coperniciana e do pensamento de Kepler. Agora já não há movimentos mais perfeitos e menos perfeitos, nem distinção entre o mundo superior e inferior. Todos os movimentos, quer dos corpos celestes, quer dos terrenos, obedecem às mesmas leis universais. Para Giordano Bruno, que interpreta pensamentos fundamentais de Copérnico em termos filosóficos de teor panteísta, o universo infinito, impregnado e animado pelo espírito da divindade, já não apresenta lugares preferenciais, pontos superiores e inferiores. O universo é um Todo, onde tudo é inter-relacionado e movido por forças internas. A divindade, alma da nossa alma, é também a alma de toda a natureza.

A destruição do esquema cosmológico antigo e medieval — com a terra imóvel no centro e as esferas planetárias movendo-se em torno dela, enquanto no extremo se encontram as esferas fixas — leva, no pensamento de Bruno, necessariamente, à concepção de que qualquer lugar em que nós nos encontremos pode ser considerado ponto central. Desde que o horizonte se forma, reforma e modifica constantemente, segundo o deslocamento do observador, é evidente que toda determinação espacial tem de ser relativa. O universo parece diferente a quem o contempla da terra, da lua ou de qualquer outro corpo celeste. E visto que a terra móvel já não pode ser considerada ponto de referência fixo, o movimento torna-se igualmente relativo e com isso, da mesma forma, o tempo, que é medido pelo movimento. Não se pode afirmar (apesar de já se ter afirmado) que tais e semelhantes idéias de Gior-

128

dano Bruno tenham influído diretamente no pensamento de Shakespeare, embora o filósofo tivesse vivido durante certo tempo na Inglaterra e talvez houvesse mesmo encontrado o dramaturgo. Certas idéias de Bruno são aqui de leve sugeridas por serem sintomáticas da cosmovisão renascentista. Estavam no ar. Mesmo se Shakespeare não tivesse tido nenhum contato com o filósofo, certamente teria absorvido tais concepções.

A idéia da relatividade espacial, de acordo com a perspectiva do observador, é expressão exata de uma época que já bem antes introduzira a perspectiva pictórica, desconhecida da Idade Média, como recurso para conquistar, em termos artísticos, o mundo terreno, a realidade dos fenômenos sensíveis. A perspectiva cria a *ilusão* do espaço tridimensional, projetando o mundo a partir de uma consciência individual, de um foco central. O mundo é relativizado, visto em relação a esta consciência, é constituído a partir dela. É uma visão antropocêntrica do mundo, referida à consciência humana que lhe impõe leis e óptica subjetivas. Esta visão coincide com a concepção panteística de Bruno que, de certo modo, coloca todo ente no centro do mundo. Em certa medida exprime-se também no "Cogito ergo sum" de Descartes, cuja dúvida metódica, envolvendo tudo, se detém apenas na certeza do próprio Ego. E é a partir deste Ego que o universo desfeito pela dúvida é reconstruído.

Não é difícil verificar que a perspectiva central, descoberta do Renascimento (até certo ponto antecipada na pinutra grega da época sofista, igualmente antropocêntrica, nominalista e individualista, época, aliás, que coincide mais ou menos com a do máximo desenvolvimento da tragédia grega), representa uma deslocação do foco de valores; a transcendência cede terreno à imanência, o outro mundo a este, o céu à terra, o intemporal ao temporal. A perspectiva coloca a consciência humana e não a divindade no centro. Ela se opõe a um universo que criara o palco simultâneo. Este apresenta o homem como num mural imenso, sem profundidade plástica ou psicológica, mergulhado no mundo vasto da *narração* bíblica, inserido nas mansões justapostas, à semelhança das esculturas nos nichos das catedrais de que elas mal se destacam. É uma visão teocêntrica: o homem é parte do plano divino universal.

O novo palco, o palco do futuro, que se vai desenvolvendo pouco a pouco, será a cena à italiana. Colocado diante de telões pintados, que criam a ilusão perspectiva de grande profundidade, e entre os *telari* prismáticos, logo substituídos pelos bastidores, o homem adquire neste palco *sucessivo* importância e autonomia maiores. Nenhuma série fixa de lugares de antemão montados parece predeterminar-lhe os movimentos, segundo a providência divina. É a sua ação, brotando da decisão autônoma, que o conduz sucessivamente por lugares de antemão desconhecidos. Tudo é projetado a partir do homem; o indivíduo, seu caráter, sua psicologia, tornam-se, paulatinamente, o eixo do mundo. Para aumentar o efeito perspectivo, acentua-se a tendência de separar palco e platéia — separação indispensável para intensificar a ilusão da realidade sensível.

A cena elisabetana está a meio caminho entre a cena simultânea e a italiana que alcançará a sua expressão máxima só bem mais tarde. O palco de Shakespeare tem ainda três planos (e outras características medievais). Estes planos, porém, já não representam lugares predeterminados, segundo uma dimensão essencial e intemporal, em que a sucessão dos acontecimentos se apaga na simultaneidade imóvel do *logos* divino. Ao contrário. Os lugares sucedem-se num tempo irrecuperável; a ação tem plena atualidade e unicidade dramática; os heróis vivem a sua vida, que já não é episódio, parte e reflexo da História Sagrada;

vivem-na aqui e agora, *hic et nunc,* num universo que não é mais "explicado", transparente e ordenado, mas que, particularmente nas grandes tragédias, parece por vêzes um mundo visto a partir da perspectiva subjetiva e angustiada dos heróis. Com efeito, cada peça de Shakespeare apresenta como que um mundo novo, diverso dos outros, visto a partir de um novo ângulo. Falta a moldura estável da cosmologia cristã, a ordem predeterminada.

Tudo isso se relaciona também com o fato de que o Renascimento tem uma visão perspectívica da história. O teatro elisabetano já dispõe do conhecimento de um amplo mundo, de muitos países e tempos, circunstância que relativiza o quadro absoluto dos valores de uma só cultura. Essa consciência histórico-perspectívica falta quase por inteiro na Idade Média e isso de tal modo que as personagens e os acontecimentos de épocas remotas eram transpostos segundo as formas de vida, os trajes e costumes do medievo. Pilatos torna-se perfeito cavaleiro medieval e Adão um camponês do século XII ou XIII. Mas para a visão essencialista da Idade Média essas variações histórico-culturais, essas peculiaridades temporais não tinham importância. Somente no Renascimento, imbuído da concepção nominalista, tais fenômenos individuais e singulares passam a revestir-se de relevância.

3 Ceticismo e choque de valores.

Certas características medievais, sem dúvida, persistem no teatro de Shakespeare. Em muitos traços, p. ex., na mistura das classes sociais, do estilo alto e baixo, de verso e prosa, Shakespeare segue em certa medida a tradição anterior, cujo influxo espiritual, pensamento teológico e filosófico e idéias morais ainda se notam nitidamente. Tudo isso, porém, é relativizado por uma visão de forte tendência secular e profana;

os valores parecem concentrar-se na vida temporal e terrena; esta é vista com os sentidos do nominalista na sua singularidade e individualidade inconfundíveis. Os heróis de Shakespeare parecem dizer com seu contemporâneo Montaigne: "afinal, é esta a nossa existência, é tudo que possuímos". *Hamlet* chega a ser, no fundo, uma peça de dúvida atroz acerca de todos os valores e também acerca do que acontece após a morte. As desgraças que se abatem sobre os heróis trágicos de Shakespeare não parecem preparação para a vida futura. São condições inescapáveis do único mundo em que, sem dúvida, vivem e sofrem. Raramente se tem a impressão de que o pensamento do Além é fator decisivo, quer das peças no seu todo, quer do comportamento dos protagonistas. O céu afigura-se remoto no mundo shakespeariano, os poderes divinos indiferentes ante o destino dos personagens. Eles matam os homens por brinquedo, diz Gloster em *Rei Lear*. Raramente é sugerida uma retribuição justa no Além. E neste nosso mundo terreno Macbeth, culpado, morre da mesma forma como morre a inocente Lady Macduff e seu filho. As falhas de Polônio (*Hamlet*) não têm nenhuma proporção com sua morte e o fim cruel de Cordélia (*Rei Lear*) não tem nenhuma justificativa em termos morais. Desdêmona (*Otelo*) e Ofélia (*Hamlet*) são apenas fracas e, ainda assim, são aniquiladas. Sem dúvida, o público da época podia projetar a sua concepção de uma justiça mais alta, imaginando Macbeth no inferno, Hamlet no purgatório e Cordélia no céu. Mas as peças como tais não sugerem ou não insistem em tal retribuição justa. Não sugerem tampouco uma teodicéia, a justificação de Deus diante do mal; nem um mundo harmônico em que, segundo a concepção medieval, os males são apenas privação, falta de perfeição, ausência do bem, sombra que realça a luz, parte indispensável do todo harmônico. O mal, na obra de Shakespeare, p. ex. em *Macbeth, Otelo, Rei Lear*, ou

132

Hamlet, é de substancialidade maciça; alastrando-se, contagia e corrompe o universo e isso com tamanha força demoníaca que seria ridículo considerá-lo mera negação ou privação. Há um terrível realismo psicológico em Shakespeare; realismo que lembra o do primeiro grande psicólogo da Modernidade, Maquiavel. Seus grandes criminosos, Macbeth, Iago ou Ricardo III — este último exalta a sua própria capacidade de dissimulação e se gaba anacronicamente de poder transformar o próprio Maquiavel em aluno (*Henrique VI, 3.ª parte, II, 2*) — são retratos magistrais dos abismos humanos. Mas esses retratos já não são projetados contra o pano de fundo do pecado original; não são postos em termos religiosos. São, simplesmente, fatos humanos, fenômenos psicológico-morais (ou amorais), bem segundo Maquiavel que, como já verifica Bacon, descreve o que os homens fazem e não o que deveriam fazer. Hamlet simplesmente verifica que alguém pode sorrir, sorrir sempre, e ainda assim ser um criminoso (*Hamlet, I,5*), caracterizando o homem como ser dúbio, numa peça cheia de dissimulação e máscaras, em que atores reais fingem apresentar o homem fingindo, se disfarçam em homens que se disfarçam e outros atores reais apresentam atores fictícios, como se fossem reais, mostrando personagens fictícias de segundo grau a outras personagens fictícias que fingem ser o que não são.

Mas há, em contraposição, valores positivos, igualmente substanciais — a lealdade, a ordem, a moderação, a serenidade, a gratidão, a justiça, a sabedoria — e é precisamente o choque de forças positivas e negativas, ambas poderosas e de maciça realidade, que constitui a tragicidade deste universo dir-se-ia maniqueu; tragicidade que é inconcebível no harmônico mundo medieval. Pois o trágico é incompatível com qualquer forma de fé religiosa que parte da idéia de um Deus pessoal, onipotente e de suma bondade. O trágico não pode ser concebido num universo que se afigura ordenado e tampouco num universo tido como totalmente absurdo. É precisamente o abalo da cosmovisão medieval e da ordem estabelecida, através do pensamento e da realidade político-social do Renascimento, o surgir de novos valores em choque com os anteriores, ainda amplamente reconhecidos e ainda de real autoridade, que cria o terreno fértil para o trágico. Por isso não temos propriamente tragédias na esplendorosa dramaturgia espanhola do século de ouro, profundamente imbuída da visão medieval mercê do vasto movimento da Contra-Reforma.

A dúvida e o ceticismo são fatores primordiais no tecido de *Hamlet*. Não parece mais haver valores absolutos. Esse relativismo invade também o terreno moral. O homem é, como para o sofista Protágoras, a medida de todas as coisas. Em si, diz Hamlet, nada é nem mal, nem bem — é o nosso pensamento que julga as coisas desta ou daquela maneira: exprime-se aí um relativismo moral verdadeiramente sofista, inconcebível na Idade Média. É a dúvida de Montaigne, de Charron, de Telésio e de tantos outros pensadores. O que é sobretudo extraordinário em Montaigne e sintomático do Renascimento — e aliás em plena concordância com o pensamento perspectivista de Giordano Bruno — é que um homem resolve focalizar um só homem e esse homem é ele mesmo, centro do mundo, medida de todas as coisas. Montaigne não se julga muito perfeito, mas a quem poderia pintar com mais fidelidade que a si mesmo, que os próprios traços, por mais que "mudem" e se "diversifiquem"? Para se conhecer a fundo um homem é preciso ser esse próprio homem, diz Hamlet. "O mundo, verifica Montaigne, é um balançar perene. Todas as coisas nele oscilam sem cessar: a terra, as rochas do Cáucaso, as pirâmides do Egito, participando do balançar geral e tendo ainda o seu oscilar particular. A própria constância nada é senão um balançar mais lento. Não posso fixar meu objeto (isto é, a própria pessoa); ele se agita, confuso e vacilante, em uma embriaguez natural... Não pinto o ser, pinto-lhe a passagem (isto é, o devir) — não o devir de uma idade a outra ou, como diz o povo, de sete em sete anos, mas de dia a dia, de minuto a minuto. Devo adaptar minha história à hora que passa; eu poderia mudar muito em breve — não só o meu destino, mas também minha própria mentalidade."

Algo desse espírito penetrou profundamente na obra de Shakespeare e é particularmente visível em *Hamlet*. Nada é firme e sólido. Não só o mundo oscila e as coisas e os valores, mas também o próprio homem, foco a partir do qual tudo é focalizado. Visto assim, o significado da famosa palavra de Hamlet — "The time is out of joint" (O tempo está fora dos gonzos) — começa a oscilar também. Adquire um sentido mais amplo que ultrapassa o contexto. Esse espírito que, embora não necessariamente imbuído desse teor amargo e pessimista, constitui componente importante do Renascimento, é característico dessa grande peça, no dizer de Gundolf a primeira tragédia do despedaçamento íntimo e da dor do mundo, o grande prelúdio da literatura psicológica moderna. Com efeito, *Hamlet* é a primeira grande obra em que se manifesta certo estado de espírito criado pelo Renascimento, isto é, em que o homem individual, vendo-se como seu próprio sentido e destino, enfrenta, solitário, o mundo — e experimenta a falência de todos os valores. Daí esse terrível sentimento de corrupção e decomposição que impregna a peça. Hamlet tem uma verdadeira obsessão da fugacidade e futilidade da vida, à semelhança do que é expresso por Macbeth nos famosos versos em que a vida se afigura sombra vagante, agitando-se por uma hora no palco, uma história narrada por uma idiota, repleta de "ruído e fúria, sem sentido nenhum" (*Macbeth*, V, 5).

Esse sentimento da fugacidade da vida terrena — que se acentuaria particularmente no mundo barroco e na dramaturgia de Calderon de la Barca — adquire, todavia, esse caráter pungente somente quando não existe mais a fé absoluta na transcendência e eternidade. Por isso, quando Calderon chama a vida um sonho e considera o homem um ator no palco do mundo, o acento é inteiramente diverso daquele do texto shakespeariano. A vida por si só é sem substância para o grande expoente da Espanha católica — os valores lhe vêm do Além. Para Hamlet, porém, quando a vida se esvazia, nada resta senão trevas absolutas.

4 Microcosmo e Macrocosmo.

Mas o nominalismo renascentista suscita ao mesmo tempo uma triunfante libertação do indivíduo. O pessimismo é contrabalançado por um jubiloso otimismo, pelo sentimento de um radical desencadeamento de forças pessoais. Ao lado de Montaigne, os maiores pensadores do Renascimento, entre eles Nicolaus de Cues (o Cusano) e Giordano Bruno, proclamam com ênfase que nenhum ser, imbuído embora da mesma substância divina, é igual a outro; em cada ser o universo se reflete de modo diverso, como num espelho côncavo de outra curvatura. A valorização se desloca para a apreciação da particularidade inconfundível e irrepetível. Notamos essa nova valorização na obra de Shakespeare, através da importância extraordinária que nela é atribuída à pintura dos caracteres. Em suas obras nada mais há das abstratas personagens das "moralidades" dos fins da Idade Média, peças como p. ex. *Everyman,* em que o protagonista Todomundo, representante do homem em geral, luta pela graça divina e pela eterna salvação, cercado por abstratas personagens alegóricas que representam a morte, as virtudes, os bens terrenos etc. A cena shakesperiana é povoada de personagens individualizadas e características, dotadas de enorme plasticidade. Não há nem no drama medieval, nem no antigo, nada que se possa comparar a isso. No teatro grego o que importa antes de tudo é a ação, servindo os caracteres apenas para sustentá-la. Em Shakespeare, ao contrário, muitas vezes se tem a impressão de que a ação se destina a expor os caracteres. Aristóteles, com efeito, afirmara em sua *Arte Poética* que "a parte mais importante (na construção da tragédia) é a da organização dos fatos, pois a tragédia é imitação, não de homens, mas de ações..., sendo o fim que se pretende alcançar o resultado de uma maneira de agir e não de uma maneira de ser... Sem ação não há tragédia, mas poderia haver sem os caracteres". Poder-se-ia dizer que no drama grego o caráter é função da ação, ao passo que no drama shakespeariano a ação é função do caráter — fato que em boa parte explica a construção diversa do teatro shakespeariano: as famosas unidades clássicas de ação, lugar e tempo se tornam em certa medida supérfluas quando uma nova unidade deflui do caráter central que domina a peça.

Talvez se tenha exagerado a oposição polar da dramaturgia grega e shakespeariana, pois àquela não faltam os caracteres e a esta não costuma faltar uma ação bem desenvolvida. Mas não há dúvida de que as personagens shakespearianas são de uma multiplicidade, variedade nuançada e riqueza característica inédita até então. Há certo prenúncio disso em diversas peças de Gil Vicente que já sabe mesmo dar a personagens abstratas e alegóricas surpreendente plasticidade vital. Esta nova visão do homem, o imenso valor dado ao indivíduo, é indubitavelmente renascentista, embora convenha acrescentar que a acuidade psicológica de Shakespeare talvez não tivesse sido possível sem a interiorização e profunda auto-análise do cristianismo.

A plasticidade dos caracteres shakespearianos relaciona-se com o fato de eles transbordarem da ação estritamente necessária para apresentar o destino do herói. Na dramaturgia grega o herói em geral só se torna visível nos traços indispensáveis à ação imediata. Esta concepção grega, que logo se repetirá na dramaturgia clássica francesa, não é a do teatro elisabetano. Isso, como já foi exposto, é sobretudo resultado da visão nominalista, histórica e geograficamente mais ampla e variegada do Renascimento, da apresentação de contextos e relações sociais mais complexos e múltiplos, da valorização acentuada de circunstâncias singulares e do pormenor sensível e característico, da mobilidade maior da própria cena elisabetana. Tudo isso é razão — e conseqüência — de outra concepção dramatúrgica que favorece a ação mais episódica; ação que não se atém rigorosamente ao decurso estrito do conflito trágico, havendo diálogos, cenas, personagens que servem sobretudo para enriquecer o mundo representado. Uma personagem como Osrick, em *Hamlet,* além de outras funções, apresenta-nos o herói em nova perspectiva, pinta-lhe o temperamento, por reflexo, com novas nuanças; o encontro com Osrick revela, instantaneamente, novas facetas de Hamlet, caracteriza-lhe, de modo marcante, o vacilar e oscilar, o devir "de minuto a minuto", para falar com Montaigne. É quase um efeito de iluminação impressionista que o autor obtém deste modo. Graças a este processo, as personagens transbordam da ação estritamente necessária e tornam-se palpáveis de uma forma quase assustadora. Podemos imaginá-las perfeitamente fora da ação, o que se afigura difícil no caso do Édipo, de Sófocles, ou da Fedra, de Racine.

No entanto, apesar do acentuado individualismo da maioria dos pensadores renascentistas, o universo é concebido como imensa totalidade em que tudo está em relação com tudo, em que nada pode ser separado de nada. A mesma alma cósmica anima todos os entes, apesar de toda a sua singularidade monádica. Também nisso Giordano Bruno é porta-voz de um sentimento de vida geral que, em termos poéticos, encontrou cristalização expressiva na obra de Shakespeare. Os seus heróis não se encontram inseridos somente em "campos" sociais muito ricos, mas vivem como que em correspondência profunda com as forças mais amplas e poderosas da natureza. Há liames simpatéticos que os prendem às raízes do ser. As irrupções elementares das suas paixões se comunicam por canais misteriosos com os próprios elementos da natureza. Não sabemos se é a desordem cósmica que se manifesta neles ou se, ao contrário, forças demoníacas, irrompendo de dentro deles, corrompem o universo. O crime de Macbeth, as feridas causadas pelo seu punhal no corpo do bondoso rei Duncan "abrem brechas na natureza", pelas quais "penetra, destruidora, a devastação" (*Macbeth*, II, 2). Em *Rei Lear*, Gloster, referindo-se aos últimos eclipses do sol e da lua e ao mal que prenunciam, diz que a natureza se sente flagelada pelos efeitos daí decorrentes. "O amor esfria, a amizade deserta, os irmãos se desunem; nas cidades, rebelião, nos campos, discórdias; nos palácios, traição, e entre filhos e pais rompem-se os laços" (*Rei Lear*, I, 2). Na noite do assassínio de Duncan, toda a natureza é atingida na sua ordem. Os cavalos de Duncan se tornam selvagens e, "contra todas as ordens", põem-se a correr, como se quisessem lutar contra os homens, chegando mesmo a se devorarem mutuamente. Durante nenhum momento a ave das trevas deixou de gritar, a terra teve febre e tremeu (*Macbeth*, II, 2, 3).

Tal visão poética funda-se na cosmologia da época, neste ponto idêntica em pensadores tão diversos como G. Bruno e F. Bacon. O homem é concebido como um microcosmo que reúne em si todos os elementos do macrocosmo. Segundo Paracelso (1493--1541), famoso médico, alquimista e pensador alemão, e semelhantemente, segundo Hieronimo Cardano (1500-1571), importante filósofo italiano, tudo atua sobre o homem e o homem atua sobre tudo, visto que tudo é penetrado e impregnado de uma única vida e esta vida cósmica concentra-se no homem, ápice do mundo. Há um nexo de simpatia e antipatia entre os entes, atração do semelhante pelo semelhante e repulsão do desigual ante o desigual. Deste modo, pode-se entender a melancolia mórbida de Hamlet (e à semelhança, a angústia terrível de Macbeth) como um desarranjo de seus elementos e humores e essa corrupção íntima que, na expressão de W. Knight, o transforma em embaixador da morte em meio da vida, alastra-se pouco a pouco, contagiando o ambiente, desintegrando os laços sociais e solapando as bases do próprio Estado.

Segundo Paracelso e outros pensadores da época, o homem — ser composto de forças terrenas, sidéricas e divinas — reúne em si as propriedades dos anjos, animais e espíritos elementares (água: ninfas, ondinas; terra: gnomos, pigmeus; ar: sílfides, silvanas; fogo: salamandras etc.). Reflexos de tais concepções encontramos em peças de Shakespeare, tais como *Sonho de uma Noite de Verão* ou *Tempestade* (pense-se em Ariel, espírito etéreo, e Caliban, espírito telúrico).

Segundo tudo indica, a filosofia moral e psicologia popular da época foram cuidadosamente estudadas por Shakespeare. As autoridades principais no campo de psicologia continuavam a ser Hipócrates e Galeno, os grandes médicos da Antiguidade. Conforme as teorias então em voga — todas baseadas nestes mestres antigos — o homem contém no seu ser microcósmico, em essência, o universo. Antes de tudo, os quatro elementos — fogo, ar, água e terra. O fogo é quente e seco; o ar, quente e úmido; a água, fria e úmida; a terra, fria e seca. Esses elementos estão relacionados aos quatro humores: o sangue e, misturados a ele, o fel (bile), o fleuma (rins) e a melancolia (bile negra, baço). O sangue é, como o ar, quente e úmido, o fel quente e seco (fogo), o fleuma, frio e úmido (água) e a melancolia, fria e seca (terra).

No corpo sadio há perfeito equilíbrio dos elementos e humores. De acordo com isso, os "espíritos" — espécie de "pneuma", substância aérea e força vital — levados pelo sangue, podem exercer plenamente as suas funções. Entre estes, os espíritos "animais" são os mais elevados; levam os comandos do cérebro aos vários membros, assim como de outro lado as mensagens dos sentidos ao cérebro. Estabelecem, portanto, a relação entre corpo e alma — doutrina antiga que se encontra ainda em Descartes. Há, na época, teorias minuciosamente elaboradas, indicando que tipo de homem, com que temperamento, comportamento e aspecto, resulta de determinada preponderância de elementos e humores — teorias que por vezes lembram as de Ernst Kretschmer e de sua obra *Constituição e Caráter* (1921). A teoria dos temperamentos baseava-se essencialmente na dos elementos e da compleição quente, fria, úmida ou seca, assim como nos humores (temperamentos sangüíneo — quente e úmido —, fleumático — frio e úmido —, colérico — quente e seco —, melancólico — frio e seco). Elaboravam-se quadros e tabelas que iam ao ponto de atribuir, por exemplo, aos loiros de olhos castanhos ou aos morenos de olhos azuis certa mistura particular de humores e, concomitantemente, determinado caráter, psicologia, temperamento, comportamento, quer na juventude, quer na meia idade ou idade avançada. Há, por exemplo, uma compleição úmida que não se mostra favorável na juventude; mas cujas condições vão melhorando com a idade e com a intensificação do calor. Indivíduos assim têm cabelos claros e olhos cinzentos, são baixinhos e fortes, mas não são de mente e fala rápidas. O sangue é particularmente ativo na primavera (das oito às três da noite), o fel no verão (das três às nove da manhã), a melancolia no outono (das 9 às três da tarde), o fleuma no inverno (das três às nove da noite). De influência considerável no temperamento e comportamento são ainda a alimentação, bebidas, raça, região geográfica etc.

Todos esses elementos, apontados apenas ligeiramente, explicam o maior ou menor domínio da razão sobre as paixões. Uma das preocupações fundamentais da filosofia moral da época reside no problema das relações entre a vontade racional e os apetites irracionais; ainda filósofos como Descartes e Spinoza dedicaram ao estudo desse problema obras famosas. De certo modo, os problemas continuam ainda hoje semelhantes, apesar de as teorias psicológicas terem passado por grandes modificações. Na época de Shakespeare havia os que seguiam a tradição estóica, segundo a qual todas as paixões são perniciosas; preponderava, todavia, a tradição aristotélico-cristã, segundo a qual a maioria das paixões é considerada nociva somente quando não governadas pela razão. A virtude depende, em essência, do controle temperado exercido pela vontade racional. O homem virtuoso distingue-se, conforme o pensamento aristotélico, por um comportamento médio, moderado, igualmente distante dos extremos e excessos. Assim, a coragem, enquanto virtude, é igualmente distanciada da precipitação furiosa e da covardia.

As paixões veementes tendem a alterar, por mediação dos "espíritos", a composição dos humores, como de outro lado o indivíduo, conforme sua compleição e seu temperamento particulares, tende a ser vítima de determinadas paixões excessivas, por intermédio dos espíritos desequilibrados pelos humores alterados. A alegria, por exemplo, paixão úmida e quente, é natural nos temperamentos sangüíneos, enquanto os melancólicos tendem à tristeza, que é fria e seca. A tristeza, por sua vez, engendra facilmente um dese-

142

quilíbrio de humores que fazem preponderar o humor melancólico, fato que por sua vez intensifica a tristeza, de modo que ocorre uma mútua indução e intensificação do desequilíbrio.

Pesquisas recentes mostram que Shakespeare era um conhecedor minucioso dessas concepções. Uma obra como *Hamlet* pode ser explicada, em certa medida, como a tragédia do luto e da aflição profundos, resultando em melancolia patológica, com total desequilíbrio dos humores e elementos, fato que por sua vez aumenta o teor mórbido do aflição, já de antemão relacionada com o seu tipo psicofísico. *Otelo* seria um estudo psicológico aprofundado do ciúme, segundo a teoria do humores e das paixões da época. *Rei Lear* seria a tragédia da cólera em idade avançada, ao passo que *Macbeth* se afiguraria como a análise exata da angústia mórbida. Este estudo foi feito por Lily B. Campbell [1], que prova ponto por ponto que os heróis correspondem a certa compleição e mistura de humores, daí se explicando o desequilíbrio psíquico e o rumo patológico de suas paixões e vidas.

5   *Arte e História.*

Tais estudos, como o acima citado, são sem dúvida de grande utilidade, ainda que fosse apenas no sentido de T. S. Eliot, segundo o qual é provável que nunca possamos acertar em se tratando de alguém tão grande como Shakespeare. E se nunca podemos acertar — prossegue — mais vale que mudemos de vez em quando nosso modo de estar equivocados. Para desalojar um erro não há nada mais eficaz que outro erro.

Com efeito, cada visão unilateral de Shakespeare deve ser retificada por outra que geralmente será igual-

(1)   *Shakespeare's tragic heroes,* Cambridge University Press, 1930.

mente unilateral. Todos os elementos de ordem filosófica e psicológica que foram apresentados neste trabalho, mesmo se o fossem de modo menos ligeiro e mais completo, mesmo se lhes acrescentássemos os fatores sociológicos e biográficos, não poderiam explicar a grandeza de Shakespeare, nem o valor estético da sua obra. Mas esse valor é, ainda assim, inseparável de todos esses elementos, já que a obra os integra numa unidade complexa e coerente que, constituída por todos eles, ao mesmo tempo os supera a todos. De certo modo, a obra de Shakespeare, tal como a admiramos, não teria sido possível sem as teorias psicológicas e filosóficas da época. Sem elas, decerto teria sido diversa. Temos hoje concepções diferentes, a teoria dos quatro elementos, dos "espíritos animais", das "compleições" foi superada, os relâmpagos e tempestades que acompanham as irrupções emocionais dos heróis geralmente só se encontram hoje em fitas de quinta categoria. Grande parte de nós não acredita mais em bruxas e espectros. Mas apesar de tudo, a obra de Shakespeare se mantém plenamente válida. Ante o espectro de *Hamlet* — já o dizia Lessing — os nossos cabelos se eriçam, quer cubram um cérebro crédulo, quer incrédulo. A validade da obra-de-arte é outra que não a do conhecimento filosófico, como a deste diverge daquela da ciência. Tal fato nos enche da esperança de que algumas obras atuais alcancem a posteridade — apesar das teorias psicanalíticas em que se baseiam. A verdade íntima, a visão profunda da grande arte transcende ou não se esgota nas teorias científicas e diverge da validade do pensamento filosófico de cada época, embora se nutra deles, e em certa medida se baseie neles.

Mesmo quem nao adota a visão renascentista e secularizada de Shakespeare, pode participar intensamente dos sofrimentos e alegrias dos seus heróis, experimentar a grandeza e variedade do seu mundo e viver a verdade que a sua obra nos comunica. Da mesma forma podemos viver e sofrer intensamente a verdade de uma peça grega como *Antígone,* conquanto a concepção do mundo e as idéias em que se baseia esta tragédia já não sejam as nossas. Nascida em certo contexto histórico, a grande obra-de-arte, embora dependente dele, ainda assim o supera. Imbuída embora do espírito histórico da época em que surgiu, da sua filosofia, da sua ciência e do seu sentimento da vida, ela atinge e fala a outras épocas e culturas, manifestações de outro espírito histórico.

Conquanto a fé numa "natureza humana" permanente esteja hoje um tanto abalada, nós participamos, dentro de certos limites, além das épocas e culturas, de uma substância humana comum. E na medida em que a obra-de-arte tira as suas forças desta substância comum, ela se comunica a todos, através de vastos espaços de tempo e apesar da variedade das culturas, concepções e teorias.

ASPECTOS DO ROMANTISMO ALEMÃO

*"Se queres penetrar no íntimo da física,
deixa-te iniciar nos mistérios da poesia."*

(F. Schlegel.)

1 Pré-romantismo.

Por volta de 1770 eclodiu na Alemanha, estimulado em parte por sugestões vindas da França (Rousseau) e Inglaterra (Young, Wood, "Ossian"), o primeiro movimento "romântico" amplo da Europa. O que distingue esta corrente, que se estende até os primeiros anos da década de 1780 e à qual se filiam autores como Hamann, Herder, Lenz, os jovens Goethe e Schiller etc., é sobretudo o violento impulso irracionalista, a luta contra a Ilustração e contra os cânones classicistas da literatura francesa, aos quais se opõem o subjetivismo radical, a tendência ao primitivo, a expressão imediata e espontânea das emoções, o empenho pelo poema e pela canção populares (*Volkslied*) e o gênio supostamente bruto e inconsciente de Shakespeare.

Desta primeira onda "romântica", um tanto rude e informe, irradiou-se — encontrando ampla receptividade — certa atitude de "dor do mundo" (o famoso *Weltschmerz* de Werther). Aos jovens "gênios" veio de Rousseau um pessimismo profundo no tocante à sociedade e à civilização modernas. Ressalta-se agora a incompatibilidade entre o grande indivíduo e a sociedade; o violento ímpeto dos jovens poetas burgueses contra a sociedade do absolutismo alemão transforma-se em ódio à sociedade em geral. O homem genial é fatalmente condenado a definhar no cárcere do mundo: este tema iria tornar-se um dos motivos mais constantes do romantismo europeu posterior, sem que fosse central para o romantismo alemão propriamente dito.

O movimento esboçado não se sabia "romântico", embora àquela altura o termo já passasse a ser usado em acepção favorável para caracterizar paisagens agrestes, solitárias, selvagens e melancólicas, tendo perdido seu sentido inicialmente pejorativo, qualificativo que fora dos romances barrocos, heróico-galantes, ridicularizados pelo seu teor fantástico, quimérico e aventureiro. Os jovens "gênios" nem sequer sabiam que participavam de um movimento que os historiadores da literatura alemã mais tarde iriam chamar de *Sturm und Drang* (Tempestade e Ímpeto). Muito menos podiam saber que iriam ser classificados, bem mais tarde, por alguns historiadores ocidentais, como "pré-românticos".

No entanto, foi principalmente este movimento que repercutiu no exterior de um modo vigoroso, através de obras goethianas como o romance *Os padecimentos do jovem Werther,* o drama medieval *Goetz von Berlichingen* e um fragmento do que mais tarde iria ser o *Fausto,* para não falar da peça *Os bandoleiros,* de Schiller. Poucos anos depois, porém, Goethe e Schiller tomaram rumos bem diversos, procurando superar os arroubos anárquicos da fase juvenil, através de uma disciplina severa, sob a inspiração da arte grega. Tornaram-se, segundo a conceituação alemã, clássicos tanto no sentido valorativo como estilístico do termo. Pelo menos de 1785 a 1805 — ano da morte de Schiller — seguiam uma linha que se aproxima da tradição clássica, embora enriquecida pelas experiências da juventude.

Para o exterior, no entanto, continuavam a ser principalmente os autores das obras mencionadas. De acordo com isso se formou a imagem do romantismo alemão e, em parte, do romantismo universal. Na medida em que este último sofreu influências alemãs, estas provinham principalmente do *Sturm und Drang* — movimento que até hoje não é considerado na Alemanha como propriamente romântico. Madame de Staël, conquanto mantivesse posteriormente contatos diretos com autênticos românticos alemães, não desmentiu, ao contrário reforçou no seu livro *De l'Allemagne,* esta imagem unilateral. Mesmo um crítico culto como Walter Pater — que pela distância histórica já poderia estar mais bem informado — declarou ainda em 1889 que o movimento romântico alemão alcançou o apogeu com o *Goetz* (1774) de Goethe. O mesmo crítico inglês julga o *Fausto* a maior obra da literatura romântica. Este grande drama tem as suas raízes sem dúvida no *Sturm und Drang.* Entretanto, na sua elaboração prolongada (quase até a morte de Goethe, em 1832), ultrapassou de longe estas raízes e dificilmente pode ser filiado a qualquer "escola" literária. Eudo C. Mason, conhecido anglicista e germanista inglês, afirma com boas razões que o romantismo inglês — mais ou menos simultâneo ao alemão — tem, em certos aspectos, mais afinidade com o *Sturm und Drang* do que com o romantismo alemão propriamente dito. "Na medida em que no romantismo alemão permanecem e se desenvolvem impulsos do *Sturm und Drang*, ele coincide mais ou menos com o romantismo ingles; na medida, porém, em que toma rumos novos, próprios, esotéricos e sutis, ele se diferencia fundamentalmente do romantismo inglês. Por isso, os leitores ingleses reconhecem o especificamente 'romântico', no sentido deles, muito mais nas obras do *Sturm und Drang* (como *Goetz* e *Fausto*) do que em obras do verdadeiro romantismo alemão" [1]. Com certas precauções pode-se aplicar isso também ao romantismo francês. O romantismo alemão propriamente dito assemelha-se em certos traços bem mais aos desenvolvimentos posteriores da literatura européia, ligados a Baudelaire, ao simbolismo e à *décadence* literária do *fin du siècle*.

Com isto não se pretende negar que há, num sentido geral, certo espírito comum impregnando tanto o *Sturm und Drang*, como o romantismo alemão. Num sentido ainda mais geral — aliás tão geral que este sentido perde quase o sentido — René Wellek, adotando um ângulo "ocidental", acredita poder considerar Goethe e Schiller *tout court* como românticos, "apesar das suas fases classicistas e do seu gosto classicista" [2]. Pondo de lado este conceito muito vago, pode-se dizer que tanto o *Sturm und Drang* como o romantismo têm tendências anticlássicas, opondo-se aos seus cânones em geral e em particular ao seu equilíbrio, proporção, ordem, harmonia, objetividade, ponderação, disciplina e visão apolínea. Mas no que se refere às afirmações positivas já não se pode dizer com a mesma segurança que o ro-

(1) *Deutsche und Englische Romantik*, Gottingen, 1959.

(2) *Konfrontationen*, Francfort, 1964.

mantismo alemão propriamente dito exalte a expansão violenta de paixões e afetos e o ímpeto irracionalista. A visão melancólico-noturna não é típica de todos os grupos românticos, o impulso dionisíaco é apenas momento parcial de um desejo maior de harmonia e o individualismo e subjetivismo anárquicos não imperam em todos os desenvolvimentos do romantismo alemão que se impõe lentamente, a partir de 1796, e se extingue por volta de 1830.

De um modo geral, a concepção do gênio, tanto dos *Stürmer und Draenger* como dos românticos, desloca o centro gravitacional do pensamento estético. O que agora importa na indagação já não é tanto a obra (e sua apreciação) quanto o poeta e o ato criativo. O classicismo considera o poeta como servidor da *obra,* elaborada segundo regras eternas e destinada a certos fins — principalmente de ordem moral e catártica, de modo a se tornar útil e agradável, segundo a fórmula de Horácio. Já aos românticos tende a importar mais a auto-expressão da subjetividade do poeta. A verdade poética não é mais obtida pela "imitação da natureza" e sim pela "sinceridade" e "autenticidade" da auto-expressão. A obra, antes válida enquanto objeto perfeito, vale agora sobretudo enquanto revelação da verdade íntima do criador. A "perfeição" é nociva na medida em que suprime a sinceridade e espontaneidade. Todavia, certos grupos de românticos acreditam atingir precisamente pela auto-expressão a uma verdade objetiva: a projeção do mundo íntimo "constitui" a verdade profunda do universo exterior, à semelhança das teses expressionistas. A imaginação "transcendental" é condição criativa de realidades essenciais. Mas esse "objetivismo" é de fato uma forma velada de um subjetivismo radical. "O Não-Eu (o mundo) é o símbolo do Eu e serve para a autocompreensão do Eu" (Novalis).

Essa tendência ao subjetivismo liga-se a uma nova concepção do indivíduo. O individualismo racionalista e liberal da Ilustração é do tipo "mecanicista": baseia--se na razão, essência comum a todos os seres humanos. Na medida, porém, em que a razão não é considerada valor supremo, realçando-se as forças emocionais e a sensibilidade imponderável do homem, como tais subjetivas e de irredutível variedade, o individualismo tende a tornar-se "organicista": a igualdade essencial, verificável somente através de operações analíticas de abstração, é negada, ou, pelo menos, deixa de ser valorizada em sentido positivo; em contrapartida é acentuada a singularidade da pessoa concreta, inseparável do contexto histórico e nacional. Ao pensamento totalizador do *Sturm und Drang* repugna a análise racional que, pondo de lado a plenitude inefável do indivíduo, realça o que é comum em todas as variações. O que agora se destaca é o todo concreto, integrado no seu ambiente e determinado por variáveis biológicas e étnico-históricas que o tornam inconfundível. A valorização positiva dessa unidade implica na literatura o abandono dos cânones clássicos que visam acentuar o típico. Agora, bem ao contrário, tende-se a ressaltar o característico, categoria importante do pensamento romântico que freqüentemente conduz ao caricatural e grotesco.

A concepção exposta relaciona-se com o "organicismo" histórico de Herder, visível ainda nas especulações de Oswald Spengler. Cada povo passa por fases de crescimento vegetativo semelhantes, mas todas as suas manifestações sociais e culturais variam de acordo com o espírito ou a "alma" peculiar dos povos que se diferenciam conforme a variação dos fatores geográficos, clima, gênio étnico etc. Influenciado pela *Scienza nuova* (1730) de G. Vico, o pensamento historicista e organicista de Herder, ao acentuar a peculiaridade vegetativa de cada povo, recusa a imposição de leis e

152

cânones estéticos universais. A obra-de-arte é, em si mesma, uma totalidade orgânica, fruto do organismo maior da cultura. Por isso não pode ser "fabricada" segundo regras exteriores e estranhas.

De tais concepções irradiou-se toda uma tradição romântica que iria estimular as ciências históricas, lingüísticas e jurídicas nos inícios do século XIX e moldar poderosamente as idéias de Hegel, Bachofen e Nietzsche.

2 Duas Gerações.

Boa parte das tendências apontadas, quase todas típicas do *Sturm und Drang,* não deixam de ser acatadas por muitos círculos do romantismo alemão propriamente dito. Este, ao anunciar-se nos últimos anos do século XVIII, já surge como "escola" autoconsciente, a primeira a adotar como bandeira dos "modernos" o termo "romântico". Mal duas décadas separam os primeiros românticos dos seus antecessores pré-românticos a quem tanto devem. Contudo, comportam-se como se não tivessem existido ou, quando se referem a eles, o fazem muitas vezes com desprezo, superioridade ou escárnio. Trata-se de uma nova geração, nascida com poucas exceções na década de 1770, ao passo que a maioria dos *Stürmer und Draenger* nascera entre 1744 e 1759. As novas gerações não costumam apreciar as imediatamente anteriores. Há, todavia, razões mais substanciais para o pouco apreço dos românticos. Nos vinte anos decorridos entre o impacto principal destes e as primeiras manifestações daqueles, o espírito alemão atingira tão grande maturidade e produzira tanto no terreno literário e filosófico que os herdeiros se defrontavam com uma constelação inteiramente diversa dos predecessores (deixando de lado a situação totalmente modificada depois da Revolução Francesa). Os pré-românticos cresceram numa paisagem espiritual relativamente pobre, amplamente ocupada por epígonos fracos do classicismo francês. Desde então houvera quase duas décadas de desenvolvimento classicista, de disciplinação severa e dolorosa, de rigorosas críticas de Goethe e Schiller à sua própria fase pré-romântica. Surgiram grandes obras de tendência clássica e, principalmente, as obras filosóficas de Kant, de influência incalculável sobre os românticos. Seguira-se uma espantosa atividade especulativa de alto nível, desde Reinhold, Schulze e Maimon até Bardili, Jacobi, Fichte e Schelling. O próprio Schiller, baseado sobretudo em Kant, elaborara, neste ínterim, uma teoria estética de cunho clássico na qual, ao mesmo tempo, negara e sublimara os seus inícios pré-românticos; estética que incluía todo um esquema filosófico do desenvolvimento da consciência humana. Por mais que escarnecessem de Schiller, os românticos sentiam-se fascinados por sua filosofia estético-cultural e histórica. Os seus grandes ensaios exerceram uma influência até hoje não suficientemente reconhecida na elaboração do pensamento de Hegel, particularmente da sua *Fenomenologia do Espírito* e da sua *Estética*.

Os românticos, portanto, não são pioneiros, como os seus antecessores, e sim herdeiros de uma das mais extraordinárias florescências do espírito alemão. Nada têm do titanismo faustico dos "gênios originais". Longe estão de exaltar o primitivismo rude e o "naturismo" violento dos antecessores que se exprimiam numa linguagem tosca, exclamativa, cheia de anacolutos e elipses, supostamente reflexo "automático" das forças inconscientes que lhes ditariam as irrupções semi-articuladas. Os românticos de modo algum querem "voltar" à natureza; querem avançar até ela, depois de assimilado todo o processo civilizatório. É isso que se exprime na extraordinária fórmula de Novalis, na utopia paradoxal da *Criança irônica*. Reconhece-se nesta idéia, sem dificuldade, uma palavra de Schiller: "Elas (as crianças) *são* o que nós *fomos;* elas são o que nós devemos tornar a ser. Fomos natureza, como elas, e a nossa cultura deve reconduzir-nos, no caminho da razão e da liberdade, à natureza" — isto é, a uma natureza em que se encontram integradas as conquistas do desenvolvimento. Da mesma forma, quando Friedrich Schlegel diz: "Em todo bom poema tudo deve ser propósito e tudo instinto", nega tanto o *Sturm und Drang* quanto a Ilustração, para chegar a uma síntese dialética que reflete toda a filosofia estética de Kant e Schiller. Na sua *Crítica do Juízo* Kant dissera: "A bela arte deve parecer natureza, por mais que saibamos tratar-se de arte". Com intuito evidente de escandalizar e de distanciar-se do emocionalismo pré--romântico, F. Schlegel — um dos chefes principais do primeiro romantismo — declara: "Para poder escrever bem sobre um assunto, não se deve mais ter interesse por ele... Enquanto o artista inventa e se sente entusiasmado, encontra-se, pelo menos para a comunicação, em estado iliberal". Mesmo Novalis — um dos maiores poetas da primeira onda romântica — afirma: "Começo a amar a sobriedade..." ou "ao poeta são necessários senso calmo e atento... nenhuma paixão em sentido pleno" e mesmo "fria serenidade".

Tais afirmações afiguram-se paradoxais quando proferidas por românticos. Mas é evidente que os dois Schlegel (Friedrich e August Wilhelm), Novalis, Tieck, os Brentano, Arnim, Eichendorff, E. T. A. Hoffmann etc., não podem voltar simplesmente ao pré-romantismo. Têm de distanciar-se do que já fora vivido, criticado e superado por Goethe e Schiller; não podem repetir o estouro irracional que, no ambiente de extremo requinte intelectual da elite de Weimar e Jena, nesta atmosfera de grandes poetas e filósofos, se afigura impossível e mesmo ridículo. Não podem mais ser primitivos embora possam, talvez, amar o que não são. Segundo a famosa classificação de Schiller, já não podem ser "ingênuos" como teriam sido os gregos, povo de consciência íntegra que ignorava as dicotomias da consciência moderna e representava o "instinto genial do paraíso". À poesia ingênua opõe-se, segundo Schiller, a "poesia sentimental" de poetas que, tendo deixado de ser natureza, aspiram a sê-lo de novo, saudosos da harmonia e unidade perdidas. Mas enquanto Schiller acredita na possibilidade de um novo equilíbrio poético, manifesto na "forma viva" da obra perfeita, os românticos, embora almejando também uma harmonia ulterior, tendem a acentuar as fragmentações e antinomias modernas. É como se desejassem esgotá-las, levando o esfacelamento às últimas conseqüências. Preferem o excesso, o movimento que oscila entre os extremos, neste anseio de progressão infinita até uma unidade totalizadora que abarque todos os elementos em choque. "A poesia romântica é poesia universal progressiva. Seu fim não é somente o de tornar a reunir os gêneros separados da poesia e relacioná-la com a filosofia e a retórica. Ela deve também misturar ou fundir poesia e prosa, genialidade e crítica, poesia artística e poesia natural" (F. Schlegel). A mobilidade infinita dos modernos não se coaduna com a clássica obra perfeita que separa os gêneros e por força se autolimita. Daí também o cunho fragmentário, muitas vezes minúsculo, improvisado de tantas obras românticas (fenômeno típico também na música). A grande ordem clássica já não existe. A nova, a futura "ingenuidade" deve passar pela dialética da reflexão sentimental; ela deve ser síntese de antíteses. A *Criança irônica* de Novalis antecipa os "animais irônicos" de Nietzsche — nome que o filósofo deu a si mesmo e a um amigo com quem gostava de cair num linguajar popular, apreciando "o gozo requintado" ao "retraduzir a própria maneira moderna e extremamente problemática em termos de ingenuidade".

3   Ironia Romântica.

O gozo requintado da ingenuidade — essa atitude romântica já antecipa certa *décadence* dos fins do século XIX e muitas correntes modernas. O espírito romântico tem fortes toques de uma voluptuosidade refinada, típica também da sua religiosidade muitas vezes estetizante. Não deixa de surpreender que um jovem "seráfico" como Novalis possa dizer: "É estranho que a associação de volúpia, religião e crueldade já não tenha chamado, há muito, a atenção sobre a tendência comum às três". Ou então: "É estranho que a razão verdadeira da crueldade seja a volúpia". E este *aperçu*: "Fervoroso bem-estar da água — volúpia do contato com a água". Muito cedo se infiltra no círculo dos jovens intelectuais certo *ennui*, certo sentimento de vazio — talvez o outro lado da sua jubilosa e febril sofisticação, levada a excessos de acrobacia cerebral. A "ironia romântica", particularmente de F. Schlegel, baseia-se em parte na filosofia de Fichte; mas parece fincar uma de suas raízes na teoria de Schiller, segundo a qual o estado estético (o único em que o homem é "integralmente" homem, em que, portanto, deixa de ser dissociado) é um estado lúdico, de infinita disponibilidade.

Ironia "é a consciência clara da eterna agilidade, do caos infinitamente pleno"; é "a forma do paradoxal"; "na mudança eterna de entusiasmo e ironia" exprime-se uma "simetria atraente de contradições". Uma idéia é "um conceito aperfeiçoado até à ironia, uma síntese de antíteses absolutas, a constante mudança, autoproduzida, de dois pensamentos em choque". Schiller, evidentemente, não previra semelhantes conseqüências da sua teoria.

Antíteses absolutas não admitem uma síntese absoluta, a não ser em aproximação infinita que implica movimento constante. Esse oscilar entre as contradições, diz Novalis, exige "uma versatilidade infinita do intelecto culto" que pode "retirar-se de tudo, virar e inverter tudo, conforme quer". Um aforismo do filólogo F. Schlegel: "Um homem bem livre e culto deveria poder afirmar-se, à vontade, de um modo filosófico ou filológico, crítico ou poético, histórico ou retórico, antigo ou moderno — bem arbitrariamente, da mesma forma como se afina um instrumento, a qualquer hora e em qualquer grau". Deve sentir-se, portanto, em disponibilidade ilimitada para as mais diversas tendências. Para caracterizar alguém "é preciso ser o mesmo e, apesar disso, outro...". Ou então: "Para entender alguém que a si mesmo só entende pela metade, é preciso que se o entenda primeiro totalmente e melhor que ele a si mesmo e, em seguida, só pela metade, exatamente como ele a si mesmo".

O que aos românticos fascinava era a idéia de levar a simplicidade à sutileza e esta àquela para, **através** do jogo das contradições, chegar à síntese da "segunda inocência" — a inocência da canção popular, do *lied,* do conto de fadas, do mito. Mas uma unidade capaz de abarcar todas as contradições só pode situar-se na transcendência. Há fervor místico no ambiente lúdico desses virtuoses do pensamento paradoxal. A efervescência intelectual quase patológica desses caçadores da *coincidentia oppositorum* estava impregnada de uma religiosidade, cujo teor fundamental era a "volúpia da síntese" (Novalis).

Mas há também, neste pensamento contraditório que antecipa a dialética de Hegel, uma leveza espiritual muitas vezes levada à leviandade. É possível, em termos psicológicos, que a violenta polêmica de Hegel contra a ironia romântica (na *Estética*) decorra desse parentesco, aliás apontado por Kierkegaard ao combater a "mediação universal" do filósofo; mediação descompromissada, típica da "cisão" romântica e nunca seguida de uma escolha absoluta, de uma "de-cisão".

Kierkegaard via bem o elemento religioso nesta ironia. Ela visa negar os valores do senso comum, o pensamento filisteu, fixo, petrificado, as categorias coaguladas da realidade vulgar para, através do rompimento com o século, exaltar o infinito. Mas quando tudo é visto *sub specie ironiae,* o oscilar permanente não é superado por um verdadeiro compromisso com o infinito. O próprio Schlegel percebeu a ambigüidade da dialética religiosa da ironia: "A verdadeira ironia é a ironia do amor. Ela nasce do sentimento da finitude e da limitação própria, assim como da aparente contradição desse sentimento em face à idéia do infinito, inclusa em todo amor verdadeiro".

Embora Schlegel tivesse querido atingir, através da ironia, à máxima objetividade — aquele olhar que paira acima de tudo — libertara precisamente a própria subjetividade, ao julgar tudo vaidade, menos o próprio gênio. O sujeito torna-se, na ironia radical (transformada em atitude existencial), "negativamente livre". K. F. Solger, o filósofo da ironia contemporâneo dos românticos, disse que o olhar que paira acima de tudo, aniquila tudo. Não admira, pois, que tenha sido no círculo romântico que surgiu o termo "niilismo"; niilismo muito cedo também vislumbrado por Tieck na manifestação radical do tédio. Hegel, por sua vez, censura que a ironia transforma tudo em aparência; pois o artista puro não se compromete, sente-se livre de todos os laços e todos os interesses substanciais. O fundamento desta atitude seria a filosofia de Fichte, segundo a qual o "Eu" (transcendental) produz todos os conteúdos morais e religiosos. Neste caso "eu sou dono e mestre acima de tudo, pois tudo é meu produto..." Daí tudo se tornar mera aparência que pode ser negada pelo mesmo eu que tudo produziu.

Por mais unilateral que seja a polêmica de Hegel, é com muita perspicácia que apontou a ironia como raiz do "saudosismo" romântico (*Sehnsüchtigkeit:* o termo alemão, no entanto, abrange não só a nostalgia do passado, da inocência e integridade perdidas, e sim também o anseio por um progresso infinito, por uma *nova* idade de ouro, superior à passada). Para o homem irônico se desfazem todos os interesses, visto não haver nenhum valor que resista. Em dado momento, porém, o indivíduo passa a almejar o contato objetivo com a realidade substancial, sem entretanto ser capaz de abandonar a sua subjetividade solitária para penetrar na "coisa", como o homem religioso ou moral, que se desfaz da subjetividade para "entrar na verdade". Nesse saudosismo estético, o indivíduo fixa-se num certo prazer mórbido. Os românticos, de fato, tiraram uma satisfação "voluptuosa" da insatisfação. "Pois como na saudade, ambos, indivíduo e coisa, estão ligados, há neste estado solitário certa satisfação, mas ao mesmo tempo nenhum verdadeiro aproximar-se da coisa... Temos aqui a alma em solidão consigo mesma, não queremos agir... trata-se de uma doença e fraqueza do espírito..."

A. W. Schlegel, o irmão de Friedrich, exprimiu isto em termos mais positivos na sua famosa definição do romantismo: "A poesia dos antigos era a da posse, a nossa é a da saudade (e anseio); aquela se ergue, firme, no chão do presente; esta oscila entre recordação e pressentimento. O ideal grego... era a concórdia e o equilíbrio perfeitos de todas as forças; a harmonia natural. Os novos, porém, adquiriram a consciência da fragmentação interna que torna impossível este ideal; por isso a sua poesia aspira a reconciliar os dois mundos em que nos sentimos divididos, o espiritual e o sensível, fundindo-os de um modo indissolúvel... Na arte e poesia gregas manifesta-se a unidade original e inconsciente de forma e conteúdo; na nova, procura-se a interpenetração mais íntima de ambos, enquanto ao mesmo tempo permanecem opostos. Aquela soluciona a sua tarefa, chegando à perfeição; esta, só pela aproximação pode satisfazer o seu anseio do infinito...".

Não há, talvez, descrição melhor de certos aspectos do espírito romântico do que a de Hegel, acima exposta. Empolgados por um sentimento efusivo e jubiloso de liberdade, de "sublime insolência", os jovens românticos brincam com todos os valores, ironizando por vezes os próprios anseios religiosos. Não sem razão foram comparados a acrobatas e prestidigitadores que, dançando na corda bamba, se servem de cosmovisões como se fossem peloticas, sempre ameaçados pela queda no abismo. Ensaiam com audácia o salto mortal do espírito, ora com rede — e neste caso a Igreja Católica lhes presta serviços úteis — ora sem rede — e o resultado é por vezes a loucura ou o suicídio. Há algo de "satânico" na atitude desses românticos — no seu niilismo, nos seus chistes, no seu misticismo por vezes libertino e no seu saudosismo dilacerado de fusão, integridade e identidade. Graças a este saudosismo se tornaram descobridores, andarilhos e peregrinos espirituais, conquistadores de mundos longínquos — mundos históricos, exóticos, folclóricos. Mas enquanto buscavam na distância do tempo ou do espaço a unidade e inocência, realçavam ao mesmo tempo o esfacelamento, a fragmentação, o homem-espelho, desdobrado em reflexos, o homem-máscara, o duplo, o sósia, o homem que vendeu a alma, o homem que vendeu a sombra e perdeu a estabilidade, a raiz, a "pátria", exilado que é da unidade paradisíaca.

O iconoclasmo virtuoso dos românticos tem algo de festivo, algo de "saturnálias literárias" (Novalis). Não é sem razão que F. Schlegel atribui a satã — "favorito dos poetas e filósofos alemães" — "arbitrariedade incondicional", sobretudo o prazer de "aniquilar, confundir e seduzir". O riso irônico que ressoa nessas orgias cerebrais é povoado de diabinhos, sedutores sem dúvida, mas também destrutivos. Baudelaire iria dizer que a risada nasce na idéia da própria superioridade: "uma idéia satânica — se jamais houve alguma". Mas Baudelaire sabia também que no eco da risada "freme a angústia". O "rir infernal" iria ser uma obsessão romântica, de E. T. A. Hoffmann a Hugo e aos pósteros.

4 A Remitização do Mundo.

As relações entre a ironia romântica e a filosofia de Fichte, apontadas por Hegel de um modo um tanto malévolo, sem dúvida existem, embora o severo moralismo do filósofo nada tenha de romântico e muito menos de irônico. O sistema fichtiano é uma tentativa de superar o dualismo e certas contradições do pensamento kantiano, através da derivação do mundo a partir de um princípio espiritual uno, chamado "Eu". Esse Eu transcendental, produtor de toda a realidade, não deve ser confundido com os "eus" individuais das pessoas empíricas. Princípio fundamental, este Eu subjaz às consciências individuais, como entidade ativa, pura, livre, absoluta. No fundo de todos nós habita esta essência divina. acessível à nossa "intuição intelectual".

Esse Eu, que é puro ato, vontade moral (não a vontade irracional de Schopenhauer), produz o "Não-Eu" (toda a multiplicidade dos fenômenos) segundo moldes da "imaginação produtora", aliás inconsciente. Longe de ser fantasia arbitrária e quimérica, atua segundo categorias "transcendentais", isto é, aprioristicas, sobre-individuais. Por atuar sem reflexo consciente (isto é, sem que notemos a sua atividade), o mundo das representações criado por ela se afigura autônomo, independente da nossa consciência. Não se confunda, de resto, o termo kantiano "transcendental" com o termo "transcendente". Este último refere-se ao supra-sensível, ao reino inacessível à nossa experiência, ao passo que aquele designa as formas básicas da consciência, mercê das quais se constitui a experiência; formas, portanto, que são condições de toda a experiência possível, isto é. no sentido de Fichte, condições do próprio mundo. Portanto, o Eu absoluto cria o Não-Eu segundo tais formas ou categorias, limitando-se assim pela contraposição de uma realidade aparente, a fim de poder atuar (moralmente) contra tais resistências auto-impostas. O Eu, eterna vontade atuante. opõe a si mesmo barreiras para poder superá-las, para poder atuar e lutar contra o mundo, impondo a sua liberdade moral em face das leis da natureza. Decantar dentro de si o Eu infinito é a aspiração eterna do homem empírico, limitado pelas necessidades naturais impostas pela produção do Eu absoluto. Através do esforço moral incessante, o homem temporal deve procurar tornar-se o que no fundo desde sempre é: Eu puro, livre, divino. Torna-te o que és — liberta-te de tudo que te alienou do teu verdadeiro ser. O processo desse aperfeiçoamento e dessa decantação é, necessariamente, infinito. "Para o íntimo vai o misterioso caminho", diria Novalis. "Em nós, ou em parte nenhuma, está a eternidade..." Talvez se entenda daí o sentido mais profundo da ironia romântica, pondo de lado o *pathos* moral da filosofia de Fichte. Desfazendo, num movimento dialético incessante, todas as aparências empíricas, a ironia exprime o atuar puro de uma subjetividade que, dissociando-se em cada instante dos "eus" que sucessivamente se tornam sujeitos fixos ao fixarem um objeto, se mantém livre de qualquer determinação. Neste saber do saber do objeto, neste retrocesso dinâmico, resvalando entre posição e negação, neste constante desdobramento ágil do atuar puro, vou decantando e superando a tensão eterna entre Eu empírico e Eu infinito; tensão que Fichte, embora desejoso de eliminar as antinomias de Kant. reintroduzira no âmago da própria consciência.

Na literatura, a ironia — longe de ser apenas recurso retórico — torna-se assim atitude fundamental. Criando a obra-de-arte, o autor a objetiva, distanciando-se dela e do próprio eu empenhado no ato da criação; em novo ato criativo introduz dentro da obra este mesmo ato de distanciamento, e assim sucessivamente. O resultado não será decerto uma bela obra clássica, mas em compensação será sem dúvida "interessante" (nova categoria estética introduzida por F. Schlegel). A obra será "aberta", experimental, e incluirá na sua estrutura o próprio processo de sua criação.

É óbvio que particularmente os conceitos da imaginação produtora inconsciente — verdadeira criadora do mundo — e da intuição intelectual (negada por Kant) exerceram profunda influência sobre os românticos. Se Novalis fala de "poesia transcendental" ou F. Schlegel de "bufonaria transcendental" a idéia é que o gênio ou poeta (donos da intuição intelectual) penetram e participam da imaginação produtora do Eu absoluto, tornando-se por sua vez "produtores", mercê do espírito chistoso da ironia ou da visão onírica ou mesmo da alucinação. Graças a esta participação revelam ou até constituem mundos mais verdadeiros, mais poético-filosófico-científicos do que os da experiência ordinária, mediante formas apriorísticas mais essenciais do que as do senso comum. O poeta (da mesma forma que o filósofo) reconhece no Não-Eu (isto é, no mundo) a estrutura da própria intimidade — pois tudo é espírito para o idealismo radical de Fichte. Ao poeta o mundo torna-se transparente. A realidade não somente se revela a ele mas passa a ser, na sua verdade profunda, projeção e criação mágicas da imaginação transcendental do gênio, à semelhança do que um século depois foi sustentado pelo idealismo radical dos expressionistas. "O mundo exterior nada é senão o mundo íntimo elevado a um estado secreto" (Novalis). "O reino da fantasia é a própria realidade, mas na sua existência essencial e mais elevada" (K. F. Solger). Por isso, a poesia transcendental é, na expressão de Novalis, o "absolutamente real... Quanto mais poético, tanto mais real". Poesia é aqui "poiesis" no sentido literal — criadora de realidades. O artista torna-se, por assim dizer, dono das leis da produção mundanal, usurpando-as da imaginação produtora de Fichte. A partir daí entende-se o "idealismo mágico" de Novalis — o domínio do espírito sobre o mundo físico, criação que é do espírito. Magia é o estado de genialidade absoluta em que dominamos o próprio corpo e o mundo externo, podendo transfigurá-los a nosso bel-prazer. Tais opiniões sobre a poesia transcendental, espécie de condição da possibilidade não só do conhecimento profundo da realidade (para variar uma fórmula de Kant) mas até da própria realidade profunda, representam evidentemente uma distorção do pensamento de Fichte. Mas correspondem exatamente às teses de Baudelaire segundo as quais a imaginação "cria um novo mundo com os materiais que reúne e ordena segundo regras, cuja origem só pode ser encontrada nas profundezas da alma... Visto ter criado o mundo — ... — é justo que também o domine... A imaginação é a rainha da verdade".

Todavia, se o Eu absoluto de Fichte exerceu grande influência sobre os românticos, a sua sensibilidade se afinava ainda mais com a filosofia da "Identidade" de Schelling. Identidade e unidade são os princípios fundamentais de um movimento, cujos expoentes ansiavam por superar os dilaceramentos da civilização moderna. A partir do princípio metafísico de Schelling origina-se tanto o reino da natureza (espírito inconsciente) como o reino humano da história (espírito consciente). Na Identidade têm seu fundamento o lógico e o alógico, a necessidade (natureza) e a liberdade (espírito). O seu símbolo perfeito é o Belo que reúne e supera todas as dicotomias. O princípio da Identidade, como *coincidentia oppositorum* de todas as antinomias, exerceu fascínio imenso sobre os românticos. Estimulou-lhes a tendência ao mito (em que se manifesta a unidade original entre homem e universo, antes do cataclismo esquizóide que alienou o homem do universo, segundo a palavra do expressionista G. Benn) e ao misticismo (através do qual se procura recuperar a unidade perdida, desfazendo o pecado original da individuação).

Nem a razão teórica nem a prática podem chegar à superação das suas antinomias inerentes. A consciência científica nunca alcança a última meta e a tensão moral entre ser e dever-ser é infinita. Tampouco há reconciliação entre os dois domínios, o da ciência (domínio das leis naturais) e o da moral (domínio da liberdade exigida pelo imperativo do dever). Somente na obra-de-arte todas as tensões são superadas. Segundo Schelling (que nisso segue Kant), ela medeia entre a natureza e a cultura, reúne o ideal e o real, espírito e vida, o infinito e o finito. A obra-de-arte faz transparecer o absoluto na limitação da sua forma sensível-concreta, particularmente quando se mantém "aberta", fragmentária, romântica (fórmulas semelhantes, em última análise platônicas, foram depois adotadas por Hegel). Na obra-de-arte coincidem também liberdade e necessidade porque ela reúne — como já disse F. Schlegel — propósito e instinto. Deste modo Schelling tornou-se o primeiro filósofo a exaltar a arte — em lugar da lógica — como *organon* de toda filosofia verdadeira, visto ela se afigurar símbolo do absoluto, da Identidade.

Schelling desenvolveu em particular a filosofia da natureza, transformada no sistema fichtiano em mero produto do Eu. A natureza, de que tem uma visão organicista e teleológica, é espírito inconsciente, pré-história do espírito consciente, manifesto na história humana. Nela vive um "espírito de gigante", mas como

166

que petrificado, lutando para romper as correntes da lei natural. É este mesmo espírito que, galgando níveis cada vez mais elevados, acaba por "chegar a si" e dar conta de si mesmo na consciência humana. A filosofia da natureza descreve a Ilíada desse espírito, a sua peregrinação no exílio e o retorno final à pátria da Identidade, pressentido em visões escatológicas da história humana. Na arte, o espírito consciente reconhece a sua própria imagem, transparecendo através do véu sensível que cobre os meandros do mundo. "Ao espírito que chama aparece este mesmo espírito" (Novalis). "Médico transcendental", o poeta torna-se, mercê da sua intuição e imaginação, "redentor da natureza" (Novalis). A arte, ao contrário da opinião dos antigos, é superior à natureza porque acrescenta a consciência ao inconsciente. Por isso ela não deve "imitar a natureza"; é esta que deve adaptar-se à arte, pois encontra nela sua verdade. Ao que a natureza balbucia, a poesia dá expressão articulada. Toda a filosofia do jovem Schelling é de fato um mito.

O idealismo mágico de Novalis é parte integral dessa remitização da natureza, típica, aliás, da busca do mito de quase todos os românticos. "Que vem a ser toda a bela mitologia senão expressão hieroglífica, na transfiguração da fantasia e do amor?" (F. Schlegel). O "poeta magus", decifrando os misteriosos hieróglifos da natureza, redescobre-lhe a vida profunda sobre a qual passa a exercer o seu poder. Em todos os níveis do universo encontra relações simpatéticas, afinidades "químicas" — correspondências que tanto a Novalis como a Baudelaire se revelam sob o toque da vara mágica da analogia. As obras dos românticos, particularmente de Novalis e E.T.A. Hoffmann, estão repletas de "correspondências", ressaltadas por sinestesias e transformadas em *Leitmotive* particularmente de sua novelística povoada de entes fabulosos e sobrenaturais. Um dos *Leitmotive* do romance *Heinrich von Ofterdingen* (Novalis) é a famosa "flor azul" (que se tornou símbolo da saudade romântica), variada nas correspondências com luzes azuladas, rochas azuis e sinestesias áudio-visuais. É um e o mesmo espírito manifestando-se na variação de fenômenos correspondentes. "O mundo nada é senão um *tropus* universal do espírito, uma imagem simbólica dele." Para esta visão mítica o conto de fadas se torna o "cânon da poesia". Num conto de fadas autêntico "tudo deve ser maravilhoso, misterioso, desconexo — tudo animado. O conto de fadas é, no fundo, imagem onírica — sem nexo — *ensemble* de coisas e eventos maravilhosos. Tais contos são sonhos daquele torrão pátrio que se encontra em toda a parte e em parte nenhuma..." (Novalis).

Os lados mais noturnos e demoníacos dessa remitização se manifestam particularmente na obra de E. T. A. Hoffmann que tanta influência exerceu sobre Baudelaire e os pósteros. Na sua obra, o aniquilamento fantasmagórico da realidade empírica se produz constantemente, quer pela passagem a um mundo ideal, quer pela deformação grotesca da realidade vulgar. Os bons e maus espíritos de um mundo onírico e espectral repetem e ecoam a fragmentação e desarmonia do mundo real. Em muitos dos seus contos é fácil descobrir o motivo biográfico do leal e meticuloso funcionário diurno e do boêmio noturno da roda dos "Irmãos Serapion", com os quais empreendeu o "caminho para dentro", a descida aos abismos do universo, ao mundo mineral dos mineiros, onde os aguarda a rainha das profundezas. No entanto, não é propósito deste trabalho investigar os complexos fatores biográficos, psicossociais e políticos que contribuíram para a cristalização do movimento romântico.

5 *Presença Romântica.*

Neste esboço foram apresentados apenas alguns aspectos do romantismo alemão, característicos sobretudo da sua fase inicial. Foi destacada principalmente a *teoria* romântica, através de numerosos textos de alguns dos maiores representantes do movimento. O exposto sugere analogias interessantes entre o romantismo alemão e o simbolismo. Ao que tudo indica, tais analogias não são apenas meras coincidências ou "correspondências" oriundas de fontes teosóficas e neoplatônicas comuns. Resultam em parte de influências diretas. A repercussão de Hoffmann é conhecida; mais recentemente, porém, foi comprovado também o forte influxo de Novalis [3], que com outros românticos, foi difundido na França a partir de 1841 na *Revue des Deux Mondes* por um amigo de Gérard de Nerval. O elo principal foi naturalmente R. Wagner, ídolo dos simbolistas. O *Leitmotiv* e a obra sintética, total, o *Gesamtkunstwerk* do drama musical, são idéias românticas, típicas do seu anseio de fusão e unidade a que também se associa a sinestesia. "Música, artes plásticas e poesia são sinônimos." "Música e poesia são mais ou menos a mesma coisa, irmanadas como boca e ouvido." Tais opiniões de Novalis, que também se empenhava pela "união livre" de recitativo, declamação e canto no "plano mais alto do drama" se refletem na épnca simbolista na *Revue Wagnerienne.* Os românticos viviam literalmente numa orgia de sinestesias. Tieck pede que se "pense através de sons e se faça música através de palavras e idéias..." As flautas — numa de suas peças — se gabam do seu "espírito azul-celeste". A. W. Schlegel que, bem antes de Rimbaud, atribui às diver-

(3) *Werner Vordtriede. Novalis und die franzoessischen Symbollsten.* Stuttgart, 1963

sas vogais cores precisas, declara numa carta: "Dever-se-iam aproximar as artes e buscar transições de uma a outra. Estátuas talvez se transformem em quadros, quadros em poemas, poemas em música e, quem sabe, um dia uma formosa música sacra talvez se erga no ar, transfigurada em templo". É visível neste trecho o desprestígio total do classicismo que separara nitidamente as artes (e, dentro das artes, os gêneros).

Tanto no expressionismo (manipulação livre de elementos da realidade para exprimir e constituir, transcendentalmente, uma "realidade essencial") como no surrealismo (exaltação do sonho) reencontramos muitos elementos românticos e, aliás, também do *Sturm und Drang* ("escrita automática", "drama de farrapos"). Certas idéias do romantismo (a ironia como atitude fundamental, a elaboração da teoria do símbolo) tornaram-se hoje domínio comum na investigação literária. Também passaram a ser patrimônio comum da poesia moderna muitas concepções antecipadas por Novalis: a "serenidade fria" do poeta que é "aço puro, duro como seixo", a idéia de que a fantasia tem o direito de "projetar caoticamente as imagens", de a poesia ser "construção", "álgebra e magia", de que a linguagem poética é autônoma, sem função comunicativa, "operando" como se fosse "com fórmulas matemáticas que constituem um mundo por si e brincam apenas consigo mesmas"; de que o poema, tornado hermético, visa apenas aos iniciados, exprime apenas "relações psíquicas musicais" e tende a ser "mera sonoridade, mesmo sem sentido e nexo", apresentando "fragmentos das coisas mais diversas" (veja-se dadaísmo e surrealismo; montagens e colagens). Ficamos surpreendidos ao tomar conhecimento destas antecipações geniais de Novalis. Alguns românticos, possivelmente, ficariam encantados se hoje se defrontassem com um poema concreto: a fusão de uma arte temporal (poesia) com uma arte espacial (gráfica) inspirar-lhes-ia numerosos aforismos sobre a "correspondência" e "afinidade química" entre as artes[4].

(4) A presença de muitos aspectos do pré-romantismo e romantismo é evidente no estilo de vida no pensamento e na nova sensibilidade" da contracultura atual. É preciso mencionar somente a libertação sexual, as tendências orientalistas e anarco-místicas e a "nova sensibilidade". Herbert Marcuse retorna diretamente a Schiller — que nisso inspirou os românticos — ao esperar do "espírito lúdico" uma contribuição para a desalienação e para uma nova integridade do homem fragmentado pela civilização tecnocrática e cientificista.

INFLUÊNCIAS ESTÉTICAS
DE SCHOPENHAUER

Comparado com Kant ou Hegel, Schopenhauer se afigura hoje um filósofo menor. É inegável a presença da epistemologia kantiana, na teoria moderna das ciencias naturais, e do pensamento hegeliano, na teoria da história e na antropologia filosófica dos nossos dias. Em face da atualidade persistente desses dois pensadores, a influência de Schopenhauer parece hoje insignificante.

Entretanto, se é difícil "notar", nos nossos dias, o influxo do autor de *O Mundo como Vontade e Representação*, isso decorre em parte da onipresença do seu pensamento. Determinadas tendências e teorias suas penetraram profundamente na cultura ocidental, amalgamando-se de tal forma aos hábitos de pensar e sentir europeus e americanos, que mal se consegue distingui-las como tais. Estão no âmago da nossa consciência, talvez se diria melhor, do nosso inconsciente, para respeitar a terminologia de dois dos seus discípulos — Eduard von Hartmann, o filósofo do inconsciente, e S. Freud, o psicólogo do inconsciente. Parece, aliás, que Freud, em alguma parte, negou a influência de Schopenhauer sobre seu pensamento. Sem dúvida se trata, no caso, de uma atitude subjetivamente honesta. É que as concepções do pessimista, embora elaboradas e tornadas públicas no início do século passado, em plena época romântica, somente depois da abortada revolução alemã de 1848 encontraram clima propício. Já pelos fins do século, na fase da formação de Freud, a atmosfera estava de tal forma impregnada daquele pensamento que não se podia evitar a "contaminação", decerto inconsciente no caso do psicólogo do inconsciente.

Freud é precisamente um dos intermediários mais importantes entre nós e a epopéia filosófica da vontade irracional de Schopenhauer; vontade metafísica, espécie de libido cósmica, que, ao gerar, no ápice da escala dos seres, o homem e, com ele, a inteligência (o "ego" freudiano), de início mero instrumento a serviço desse sinistro impulso de viver, cria ao mesmo tempo a força de auto-redenção que a libertará dos seus próprios conflitos e cegos anseios. Cabe ao princípio inteligente uma mística tarefa salvadora que na psicologia de Freud se tornará função terapêutica, capaz de levar à cura dos conflitos inconscientes, pela sua elevação ao nível da consciência.

Teorias da psicologia moderna como as da fuga para a doença, da racionalização, do ressentimento, dos lapsos cotidianos já foram expostas por Schopenhauer. Freud, de alguma maneira, parece ter "recalcado", edi-

174

pianamente, esse poderoso domínio do seu pai espiritual. A própria teoria do recalque, aliás, já foi formulada pelo solitário comilão de Francfort que até introduziu o termo alemão *verdraengen* (reprimir) para designar este mecanismo psíquico. Num pequeno ensaio afirma que a loucura se origina do violento "expulsar para fora da consciência" de certos fatos insuportáveis, o que só é possível "pela inserção na consciência de qualquer outra idéia" que não corresponde à realidade.

A teoria da "racionalização" e da "ideologia", isto é, a elaboração de argumentos e mesmo de sistemas racionais, filosóficos e teológicos, de acordo com os interesses mais ou menos inconscientes de uma classe ou de um indivíduo — teoria tão importante no pensamento de Nietzsche, Freud, no marxismo e na sociologia moderna — está contida na idéia de Schopenhauer de que não desejamos uma coisa por termos encontrado razões para desejá-la, mas que inventamos, posteriormente, razões, sistemas e teologias para mascarar, diante de nós mesmos, os nossos desejos profundos e os nossos interesses vitais. Toda a realidade, principalmente a humana, é concebida como um jogo pirandelliano de máscaras, é pura aparência e "representação" (termo psicológico-filosófico que conserva na sua obra a conotação teatral) que encobrem a verdadeira realidade da irracional vontade de viver, do egoísmo atroz, do instinto boçal e animalesco. A concepção schopenhaueriana de que a inteligência humana é (antes de emancipar-se e dirigir-se contra a vontade que a criou) essencialmente um instrumento a serviço dos interesses vitais da vontade bruta, foi adotada por Nietzsche, Bergson e os pragmatistas americanos, tais como James, Dewey e outros.

O foco da vontade, tal como concebida por Schopenhauer, é o impulso sexual. É através desse impulso que se manifesta, da forma mais virulenta, a inconsciente vontade de viver. A filosofia de Schopenhauer é a primeira e única em que o sexo, concebido como o núcleo de todos os males, atinge a um *status* metafísico. O que neste contexto importa é a posição central que cabe à vontade (e ao seu foco sexual) e não a sua valorização positiva ou negativa. Basta uma "pequena" inversão dos valores para que o pessimismo de Schopenhauer se converta no "otimismo heróico" de Nietzsche e para que a vontade de viver — que conforme o pessimismo de Schopenhauer deve ser negada e aniquilada — se transforme na vontade de poder que, segundo Nietzsche, deve ser afirmada e enaltecida.

Considerando-se esses fatos, particularmente o destaque dado ao impulso sexual, é evidente a justeza do que afirma Thomas Mann: "Schopenhauer, como psicólogo da vontade, é o pai de toda a psicologia moderna... A verificação... de que o intelecto (antes de se revoltar contra a vontade e assumir a sua função redentora. Nota do autor.) só serve para obsequiar a vontade, justificando-a e munindo-a de motivos muitas vezes falazes e auto-enganosos..., contém toda uma psicologia cético-pessimista, teoria dirigida para o desmascaramento inexorável e que não só prepara a psicanálise, mas que em verdade, desde logo, chega a sê-la".

Justamente por impregnar toda a atmosfera e ser tão ampla, não se notava a imensa influência que Schopenhauer exerceu sobre a literatura e arte modernas, quer diretamente, quer através de Nietzsche, Freud e seus adeptos, quer ainda suscitando em numerosos círculos a ocupação mais ou menos séria com o Budismo e o pensamento hindu. Esse influxo atingiu não só artistas e escritores, mas também camadas consideráveis da burguesia. Tal repercussão explica-se em parte pelo fascínio mórbido do seu pessimismo, pela atração do seu pansexualismo, pelo recurso ao pensamento exótico da Índia (de muito agrado ao esnobismo internacional) e, talvez, ainda pela função ideológica de um sistema que, eliminando radicalmente a história, concebida como mero véu de Maia, dá aos males sociais, tidos como eternos, uma justificação metafísica mercê da crítica ao próprio universo que já não é — como para Leibniz — o melhor, e sim o pior dos mundos possíveis. A adoção do pensamento de Schopenhauer por ampla parte da burguesia de então, interessada na manutenção do eterno *status quo*, confirma, aliás, pela sua função ideológica, a própria teoria do filósofo, segundo a qual as teorias se destinam a justificar os interesses. Entende-se por que Schopenhauer se tornou o filósofo querido dos círculos mais conservadores.

Mas a imensa força de penetração deste pensamento explica-se, antes de tudo, pelo fato de o autor ser, ao lado de Nietzsche, o maior entre os escritores filosóficos alemães. *O Mundo como Vontade e Representação* é uma verdadeira obra de arte, cuja composição rigorosa, em quatro partes, foi comparada aos quatro movimentos de uma sinfonia. O seu estilo, cuja retórica de equilíbrio clássico ama vestir-se de citações latinas e gregas, seduz pela tensão que se estabelece entre as sinistras estações percorridas pela vontade na sua paixão dolorosa e a elegante serenidade com que este inferno é apresentado. É difícil escapar à magia da severa ascese formal com que nesta obra se disciplina um sentimento de vida voluptuoso, de forte cunho sadomasoquista e de surpreendente semelhança ao de Baudelaire. Há algo de selvagem na urbanidade, algo de triunfal na amargura com que descreve as infinitas misérias humanas. Quanto de "representação" sutil há no mundo deste desmascarador da vontade bruta e quanto de superação, domínio e transfiguração da condição humana no dandismo mortificado deste estilo de simplicidade requintada. É grande a tentação de valorizar Schopenhauer sobretudo como artista. Em termos filosóficos rigorosos afigura-se insustentável a teoria incoerente da vontade irracional que, embora sendo a única realidade metafísica, gera o princípio inteligente que se sublevará contra ela (como os filhos contra o patriarca na teoria freudiana), acabando por aniquilá-la e por estabelecer o reino do Nirvana. Mas essa contradição transforma-se, na prosa magistral da obra, em força estética irresistível. O artista demonstra o que o filósofo nega: a vitória da ordem sobre o caos, sem que isso implique em Nirvana nenhum. Ao contrário. O niilismo e o próprio sistema do filósofo são constantemente desmentidos pelo estilo do escritor e pela magnífica composição de sua obra.

Não admira que a estética seja parte importante deste sistema. A exaltação da arte como redentora (embora apenas temporária) do homem atribulado pela tortura da vontade nunca satisfeita ou, quando satisfeita, pelo vazio ainda mais torturante do tédio — essa exaltação propicia à arte um halo quase religioso. É precisamente essa função de surrogato da religião que a arte irá assumir entre os simbolistas e *décadents* do *fin du siècle*. E se nem todos sofreram a influência direta de Schopenhauer — como a sofreram, por exemplo, Mallarmé e Huysmans — é pelo menos através da música de Wagner que se inebriam com a quinta-essência do sentimento de vida schopenhaueriano; sentimento que Wagner exprimiu particularmente no seu *Tristão,* mercê de uma afinidade profunda, por mais que tenha falhado na interpretação do *pensamento* de Schopenhauer.

A arte como redentora: é na contemplação estética que o apreciador se liberta da individualidade enredada no mundo relacional dos desejos e interesses vitais, elevando-se à intuição das idéias platônicas, representantes eternas da vontade metafísica nas suas diversas manifestações. Já não o prendem o Onde, Quando e Porquê nesta comunhão com a forma pura. De tal modo se abre, na serena visão estética, ao belo que

178

este como que lhe invade a consciência até a borda. É um perder-se total no objeto e, decorrente daí, o olvido completo da própria individualidade empírica. O apreciador, liberto de espaço, tempo e causalidade, transforma-se em puro sujeito de intuição, feito "claro espelho do objeto". Não se pode mais separar o contemplador da contemplação e do objeto contemplado: tudo se confunde nesta identificação, nesta união mística suscitada por uma inteligência não precisamente voltairiana. Emancipado do "nefasto impulso da vontade", essa força irracional só coberta por uma crosta delgada de consciência e razão, o apreciador "celebra o sábado do trabalho forçado", o chicote escravista dos desejos e anseios e interesses vitais é abolido. Cessa a dor e reina aquela paz que Epicuro exaltou como sumo bem e estado dos deuses.

Essa "manumissão schopenhaueriana" — na expressão de Augusto dos Anjos que cantou este estado em termos por vezes semelhantes aos de Gottfried Benn — é uma verdadeira "catarse", num sentido mais primitivo do que o de Aristóteles: "catarse" órfica, "desencarnação", ascensão da alma depois de liberta das amarras carnais. Eis a concepção mística que, nas mãos deste estranho adepto de Kant, resultou da sóbria fórmula do "prazer desinteressado" da estética kantiana, isto é, de um prazer contemplativo que não envolve a vontade, sempre dirigida para o objeto real, mas apenas a imaginação que, em harmonia com o entendimento, se expande ludicamente diante da mera representação (irreal) do objeto.

Entende-se, a partir desta carga afetiva, a posição privilegiada que Schopenhauer concedeu à música. Na estética clássica ela ocupa um lugar assaz apagado. Para Kant, a arte literária é a maior de todas, ainda que atribua à música a capacidade de produzir certo "prazer confortável". Mas seu efeito não é duradouro e, na sua função cultural, é julgada ainda inferior às artes plásticas, embora lhes seja superior na "agradabilidade". Infelizmente lhe falta "urbanidade"; seu alcance vai mais longe do que dela se exige, a ponto de amolar os vizinhos e diminuir-lhes o mais precioso dos bens, a liberdade. Quanto a este ponto, as artes plásticas são mais delicadas: é apenas preciso desviar o olhar. Vê-se que a música tem o defeito dos odores, já que como o ouvido também o nariz não possui pálpebras: "Aquele que tira seu lenço perfumado, afeta todos em torno, impondo-lhes — contra a vontade deles — o gozo quando apenas querem respirar". Ao liberalismo sadio deste pensador é odiosa a idéia de os direitos de um diminuírem os direitos dos outros.

Basta esta curiosa digressão "musical" de Kant para verificar a imensa distância que vai da sua concepção, dir-se-ia, sensata da arte — de cuja importância teve contudo noção profunda e equilibrada — aos excessos de Schopenhauer que atingem o seu ápice quando se refere à música. Ao passo que todas as outras artes reproduzem apenas as idéias platônicas, sendo, portanto, somente representações mediatas da vontade, a música exprime de modo imediato o próprio ser do mundo. As outras artes "falam só da sombra, ela, porém, da própria essência", chegando a ser por isso um "exercício metafísico". Sua força redentora, seu poder sedativo e magia mística são inexcedíveis. Tais idéias, típicas do romantismo, encontrariam aceitação entusiástica entre os simbolistas, tão desejosos de converter a própria palavra em música.

A concepção da música como arte suprema, absoluta e ideal contribuiu para desencadear a revolução da arte moderna, não só no teatro e na literatura e sim também nas artes plásticas. Não admira que Gauguin tenha dito que o quadro é uma música e que Verlaine exigisse *de la musique avant toute chose*, enquanto para Whistler, se a música é a poesia dos sons, a pintura é a da vista, tendo o assunto nada que ver com a harmonia dos sons e das cores. Pintam-se agora noturnos, variações, arranjos, sinfonias em branco ou harmonias em cinza e verde, principalmente, porém, "composições". Fantin-Latour apresenta nas suas telas não só tematicamente músicos e *performances* musicais, mas procura transpor para elas as suas impressões auditivas. Foi em ampla medida o ideal da música como arte "pura" e "abstrata" que sugeriu aos pintores a libertação da "anedota" e do "assunto literário". É característica a confissão de Kandinsky de que "invejava os músicos que podem fazer arte sem narrar nada de 'realístico'. A cor me parecia tão expressiva como o som". Se um músico pode reproduzir "seus sentimentos em face da aurora sem empregar o cocorocó, o pintor da mesma forma tem recursos puramente pictóricos para traduzir as suas impressões da manhã, sem que lhe seja necessário pintar um galo".

A teoria estética de Schopenhauer é talvez a que de forma mais radical exalta, em termos filosóficos, a arte como "paliativo" em face das dores do mundo, como recurso de evasão e nirvânico *paradis artificiel*. É evidente que esta concepção suscitou não só exaltado aplauso e sim também dúvidas e veemente oposição. Quando Thomas Mann, na *Montanha Mágica*, fala com ironia de certa "música politicamente suspeita", é contra o complexo Schopenhauer-Wagner que se dirige — complexo, todavia, que era parte do seu próprio ser e por cuja superação e sublimação tanto lutou que toda a sua obra veio a ser expressão dessa luta.

Bertolt Brecht, quando exige o seu famoso "distanciamento", no fundo faz apenas questão de "distanciar-se" de Wagner e Schopenhauer. Nada de identificação mística com ideias platônicas, num estado de êxtase beato. Muito mais que contra Aristóteles, o teatro épico de Brecht se volta contra uma concepção que visa a narcotizar a vontade, em vez de ativá-la. Em vez de ao sujeito puro da contemplação, a arte de Brecht pretende apelar ao espectador empírico, situado no espaço e tempo e sabendo das causas e dos efeitos, do Onde, Quando e Porquê. A arte, em vez de libertar o apreciador das dores do mundo, deve ao contrário torná-lo consciente delas e de suas causas. Pois o mal — diria Brecht — não é metafísico e intemporal; é histórico e, portanto, remediável.

São duas concepções opostas da arte, ambas apoiadas em vetustas tradições, ambas tendo o mérito da formulação radical, esclarecedora pela sua unilateralidade. Claro está que a estética de Schopenhauer não é superada. Ela continua sendo uma presença viva, precisamente para aqueles que dela se acercam para combatê-la.

III
AUTORES VÁRIOS

MÁRIO E O CABOTINISMO

1

Em 1953 saiu na Suíça, em língua alemã, uma *Pequena Enciclopédia da Literatura Universal* organizada pelo Professor Wolfgang Kayser. Conhecedor das letras de língua portuguesa, traduziu o *Brás Cubas* de Machado de Assis para o alemão. Diante disso, surpreende um pouco o fato de no registro das literaturas nacionais constar "Literatura Portuguesa (e Brasileira)". Quanto às letras norte-americanas mereceram um título especial, sem parênteses. É evidente que as razões disso são em parte de ordem extraliterária. Os Estados Unidos são um país demasiado poderoso para que se pudesse metê-los entre parênteses.

No terreno literário foram decerto Mário de Andrade e o Movimento Modernista que contribuíram, em larga medida, para derrubar esses parênteses. Atualmente falar-se-ia melhor em letras luso-brasileiras. Mas a discussão perdeu a virulência. Pode-se até escrever português castiço, com todos os pronomes no lugar certo, esquecendo o abrasileiramento polêmico do português. A língua "brasileira" de combate tornou-se, desde então, uma antítese superada (e integrada) na dialética do desenvolvimento.

Para Mário, a criação de um português que, sendo português e bem do "tronco sonoro da língua do ão", ainda assim exprimisse a sua brasilidade, não foi um problema apenas estético-literário. Neste sentido certamente prejudicou muitas vezes a sua obra pelos excessos do "seu" idioma, apesar do sabor inigualável que não raro resulta desse "remeleixo melado". Não foi, tampouco, somente expressão do seu nacionalismo supra-regional e cosmopolita que, como o de Herder, buscava, sem valorizações e etnocentrismos, a autodefinição nacional no pluralismo positivo das culturas. A essa autodefinição — por exemplo, em face da cultura alemã — servem em parte o romance *Amar, Verbo Intransitivo* e a coletânea de poemas *Losango Caqui*, onde canta os "olhos matinais" e a "sarça ardente dos cabelos" da namorada. Sem dúvida, "o coronel não gostou doalinhamento das armas"; no entanto, "era tão moço o nosso desalinho... Sou brasileiro ou alemão?" É verdade que mais tarde, no *Clan do Jaboti*, ao lembrar-se do *Losango Caqui*, iria dizer: "Meu Deus, como ela era branca!.../ Como era parecida com a neve.../ Porém não sei como é a neve,/ Eu nunca vi a neve,/ Eu não gosto da neve!/ E eu não gostava dela".

Com efeito, Mário nunca saiu do Brasil, como que temendo perder sua integridade nacional, também nisso semelhante a Herder que, antes de embarcar para a

Itália, "preparou as cordas" disposto a "amarrar-se ao mastro" a fim de poder resistir à sedução do belo país. É excepcional que, impelido pelo seu ódio ao nazismo, se torne injusto, ao falar da "assustadora" grandeza do gênio musical alemão e destacar, ainda que fosse com um toque de piada, "o caráter nazista dos instrumentos de sopro", o qual já se manifestaria no órgão de Bach! A dimensão mais humana desse nacionalismo, que iria levá-lo às suas pesquisas folclóricas (na Alemanha também iniciadas por Herder) e ao exame das "dinamogenias rítmicas" nas demonstrações populares (1930) — exame idêntico ao que B. Brecht divulgou em 1939 — essa dimensão porventura mais comovente, Mário a alcançou naquele "grito épico" do *Acalanto do Seringueiro,* do qual fala Florestan Fernandes: "Que dificuldade enorme!/ Quero cantar e não posso,/ Quero sentir e não sinto/ A palavra brasileira/ Que faça você dormir.../ Seringueiro, dorme..."

Já foi sugerido que a criação do "seu" idioma não é mera decorrência do seu nacionalismo. Ela se liga ao problema mais íntimo da descoberta da *própria* identidade através da procura da identidade nacional. Ambas as coisas, aliás, são interdependentes. Servem a este fim trabalhos admiráveis como os sobre o barroco nacional de Aleijadinho e do Padre Jesuíno do Monte Carmelo, que desempenham papel semelhante ao da descoberta e exaltação do gótico germânico por Herder e pelo jovem Goethe.

A busca de Mário e do Modernismo, como de todo movimento de acentuadas tendências irracionalistas, orientado pelo *ethos* da libertação de regras convencionais e, por extensão, da revolta contra o espírito coletivo prevalecente, é a da "sinceridade", da auto-expressão imediata, elementar, espontânea. Os versos têm de ser expressão da "paisagem do meu eu profundo" e nada deve prejudicar "a naturalidade livre do lirismo" (*Prefácio Interessantíssimo*). "Máxima liberdade dentro da mais espontânea originalidade" exige também Menotti del Picchia. Goethe, ao referir-se, já maduro, à sua fase de *Sturm und Drang* (movimento de emancipação semelhante ao Modernismo brasileiro), disse: "Chegamos a nada admitir senão a verdade e sinceridade da emoção e sua expressão rápida e rude". "Rápida" — isto é, imediata. Mário fala da "doida carreira" que, para exprimir a paisagem do eu profundo, não pode respeitar os obstáculos interpostos pelas "pedras e cercas de arame do caminho", isto é, pelas estratificações do espírito coletivo, as quais, para o escritor, se manifestam antes de tudo na petrificação da língua. Usando essa língua "alienada", falsificamos as nossas vivências autênticas. Ela se torna máscara rígida, borrando nossa verdadeira identidade; é mera aparência, forma fixa que não corresponde à vida fluida. O problema é universal. Não será a língua *sempre* algo exterior à nossa paisagem profunda? Essa questão — que implica a do cabotino — veio a ser um dos temas fundamentais a partir dos grandes "desmascaradores" Schopenhauer, Nietzsche e Freud. De uma outra forma derivam daí alguns dos temas centrais de autores como Pirandello, Thomas Mann, Fernando Pessoa, Ionesco. Mas já Schiller dissera: "Quando a alma *fala,* já não fala a *alma".* O dom mais alto do homem transforma-o ao mesmo tempo em cabotino. *Omnis homo mendax.* Esse problema, já em si dramático, acentua-se quando, como se dá no caso das Américas, a cultura é em larga medida importada e vem acompanhada de uma língua que é produto de outras regiões geográficas e outras condições, tendo por base um substrato social diverso, isto é, quando a questão, de essência antropológica, ainda por cima se reveste de aspectos etnológicos, ao ponto de a busca da sinceridade se confundir com a do ser autóctone.

A sinceridade é um valor aparentado com o da pureza. Ela pressupõe um ser simples (sem duplicidade), sem mescla psíquica, a identidade da pessoa consigo mesma, a unidade e transparência totais, desde as camadas íntimas do ser até os matizes mais externos da auto-expressão. Valores afins, embora não coincidentes, são os da genuinidade e autenticidade. Esses valores têm a peculiaridade de tanto menos se entregarem quanto mais se tornam meta conscientemente visada. Por isso não chegam a ser bem virtudes morais. Mas também não são valores estéticos: na arte, basta *parecer* sincero (e é muito difícil parecê-lo e sê-lo ao mesmo tempo, disse André Gide — autor de grande competência neste assunto). Seja como for, procurando-a, perde-se aquela auto-identidade, através do desdobramento diante do espelho da consciência (do qual fala Mário no seu artigo sobre o cabotinismo, Vol. XX das *Obras Completas*). Infiltra-se então, devido a certos exageros, um momento de pose e artifício que nega a sinceridade e faz duvidar da própria sinceridade da sinceridade. Torná-la, de resto, em princípio importante de um movimento já é sintoma de sua perda; perda da unidade e simplicidade em épocas de transição entre a tradição e a renovação, quando o indivíduo, desenvolvendo a plenitude da sua subjetividade (e, no caso, também a consciência da sua peculiaridade nacional), passa a sentir-se separado do espírito coletivo dominante que, ainda assim, o determina em larga medida. Dessa duplicidade decorrem tensões agudas. A própria exigência da sinceridade é, então, sintoma da crise, ou seja, da cisão e do sentimento de fragmentação. Recurso característico para superar esta situação é, por exemplo, a busca da genuinidade na ingenuidade do tom popular. É o caso freqüente de Heine que, entretanto, num rasgo de sincera auto-revelação da própria duplicidade de intelectual "singelo", muitas vezes desfaz nos últimos versos, pelo disfarce da ironia, o disfarce do tom popular mantido através do poema. Atitude geralmente criticada como ápice da falsidade íntima, mas que, bem ao contrário, é uma tentativa de sinceridade consigo mesmo que pressupõe a qualidade superior da boa-fé — essa sim uma qualidade moral (é verdade que Sartre considera a *mauvaise foi* inerente ao homem). Talvez algo do espírito de *blague* e piada no Modernismo provenha de uma atitude semelhante.

Tudo isso não é desvio do assunto: refere-se a Mário e só a Mário. É comovente acompanhar através da sua obra esta luta pela boa-fé, pela *Wahrhaftigkeit* — a "verdadeiridade" subjetiva, virtude fundamental exigida por Nietzsche, virtude que se mantém, afirma e apura precisamente na verificação da simplicidade impossível e da duplicidade inevitável. Como encontrar a unidade e auto-identidade, aquela pureza sem mescla, aquela transparência total, se é necessário confessar o "mato impenetrável do meu ser", o "coração arlequinal", expressão que não sugere apenas a multiplicidade incoerente da própria natureza e da do "herói sem caráter", por ter caracteres demais, mas também o elemento cabotinesco do disfarce e da máscara? Como descobrir a auto-identidade se "sou tudo que vocês quiserem, mas que sou eu?", se apenas "me aproximo de mim mesmo", se "sou trezentos", se "Não sou mais eu nunca fui eu decerto/ Aos pedaços me vim-eu caio-aos pedaços disperso/ Projetado em vitrais nos joelhos nas caiçaras/ Nos Pirineus em pororoca prodigiosa/ Rompe a consciência nítida: Eu TUDO-AMO" (Vol. II, págs. 303/4). Pelo menos nestes últimos versos, em que os vitrais substituem os espelhos da quase obsessiva seqüência de "Oh! espelhos, oh! Pirineus, oh! caiçaras", não pode haver dúvida sobre o sentido de fragmentação expresso nela através dos contrastes violentos entre altura e nível do mar, elementos europeus e indígenas, sugestão de pedra e fluidez; ainda que em outros contextos as mesmas palavras ambíguas talvez se avizinhem do sentido de obstáculo, inerente às "pedras" e "cercas" do *Prefácio Interessantíssimo*.

Em todos esses exemplos manifesta-se uma consciência aguda, às vezes desesperada, da multiplicidade mesclada do próprio ser, mas ao mesmo tempo o sentimento transbordante da riqueza daí decorrente, da plenitude de quem "TUDOAMA" e com tudo se identifica: Macunaíma percorrendo a passos de gigante o imenso Brasil de todos os tempos. Mas Macunaíma também, tantas vezes desfeito em pedacinhos e de novo recomposto, Macunaíma virado Saci, procurando aos lamentos a muiraquitã que dizem ser o símbolo da pureza. Macunaíma ainda, maravilhado com aqueles "que falam numa língua e escrevem noutra".

Leia-se, mesmo sem nenhuma interpretação biográfica, a profunda análise da sinceridade no conto *Frederico Paciência;* ou, naquele extraordinário conto *Tempo da Camisolinha,* o dir-se-ia impiedoso trecho da foto mostrando a criança com suas "abas voluptuosas do nariz" e a "boca larga entreaberta num risinho pérfido. Meus olhos... fornecem... todos os indícios de uma segunda intenção". Menino que, com seus cabelos, lembra o "garoto feioso" do poema *Reconhecimento de Nemesis.*

Desde o início "não quis... tentar primitivismo vesgo e insincero". Daí a curiosa teoria das duas sinceridades — uma transmitindo a "paisagem profunda", outra trabalhando no nível artesanal da comunicação, isto é, do espírito coletivo que, pelo menos na sua manifestação lingüística, tem de ser adaptado aos "interiores arlequinais" e ao "mato impenetrável do meu ser". Às duas sinceridades correspondem os dois cabotinismos (do artigo mencionado) — um feio, dos motivos profundos que impelem o artista e o homem à criação (motivos "inconfessáveis" ou "perniciosos"); e, outro, o cabotinismo da máscara, das razões oficialmente confessadas, dos "móveis aparentes", que acabam tendo igualmente influência marcante: Esse cabotinismo é "nobre, necessário, maravilhosamente fecundo... A sinceridade não morre por isso. Estes móveis aparentemente insinceros, máscaras de uma realidade primeira, fazem parte da nossa sinceridade total".

Qualquer que seja a opinião sobre esta teoria da "sinceridade total" composta de dois cabotinismos — ela é expressão de algo mais importante: da luta tenaz de Mário por aquela virtude nietzschiana da verdade subjetiva. É nesta dimensão que se subentende o seu empenho heróico por uma sintética língua falada-escrita, capaz de abraçar amorosamente todas as regiões do Brasil, capaz de acalentar o próprio seringueiro do Acre. Língua que deveria condensar e, por assim dizer, antecipar, num amplexo carinhoso, a multiplicidade nacional encarnada na futura unidade de um novo espírito coletivo autóctone. Já então os suspiros não seriam violinos alheios e Mário toparia consigo.

Sem dúvida, esta língua não é "pura" e "genuína" e sim uma criação estilizada, artificial; sua virtude não é a transparência, mas riqueza tamanha que os próprios brasileiros, para entendê-la, necessitam de um dicionário especial. Mas essa língua é sintoma e parte de uma crise, ela como que a precipitou e desta forma contribuiu para que essa crise fosse superada. Ela tinha que ser criada, alguém tinha que suportar todo o peso dessa cisão, travando no campo da própria consciência a batalha inevitável. E travando-a, Mário como que vacinou os pósteros, libertando-os, quem sabe, de tantos espelhos, Pirineus, caiçaras e parênteses. É como se só agora, imunes, possam verdadeiramente, e com afeto, inspirar-se nos valores europeus e lusos. Herder e Lessing tinham que combater Corneille e Racine para que Schiller pudesse, sem complexos, e de forma genuína, inspirar-se neles e... para que os franceses, depois, pudessem inspirar-se no romantismo alemão. Não importa ser trezentos:

> "...*um dia afinal*
> *eu toparei comigo...*
> *Tenhamos paciência, andorinhas curtas...*"

2

Os *Contos Novos* de Mário de Andrade, publicados como volume XVII das obras completas, constituem sem dúvida uma coletânea cuidadosamente composta, como sobressai aliás pela nota dos editores. O próprio autor determinou a seqüência dos contos e trabalhou-os longamente. Distingue-os uma unidade profunda, ao ponto de todos eles parecerem variações de um só tema: o tema do homem disfarçado, do homem desdobrado em ser e aparência. É significativo que o primeiro conto — *Vestido de Preto* — aborde momentos da infância do sujeito narrador. Os primeiros cnoques com a realidade social representada pelos adultos destroem o paraíso da pureza, o mundo inocente do muiraquitã de Macunaíma, e produzem a consciência infeliz, dividida. O mundo dos adultos (e adolescentes) descrito nos sete contos seguintes está repleto de dubiedades e disfarces. Disfarces que chegam no caso de *Nélson,* narrado no penúltimo conto, a um estado patológico de isolamento e fuga do convívio dos outros. Este homem, que tem a cara "enfarinhada dos palhaços", "fecha a porta atrás de si, dando três voltas à chave". Mas o último conto — *Tempo da Camisolinha* —, emoldurando com o primeiro os sete intermediários, evoca de novo a infância e a expulsão do paraíso.

Logo nas primeiras linhas do primeiro conto o narrador declara que vai "contar a verdade". O termo tem aqui um sentido simples e direto: o narrador, na reconstrução da realidade psíquica e social, procurará não esconder nada, indo até o desmascaramento das dissimulações que obscurecem esta realidade contraditória. A linguagem participa da recriação do contraditório que é sugerido pelo uso do *oxymoron* ou por figuras estilísticas como "havia, não havia, mas sempre como que havia..." (8), "meu desejo era fugir, era ficar..." (17), "aqueles companheiros fortes tão fracos..." (45), "talvez houvesse, havia..." (107), "E puro. E impuro" (111), "depois, depois não, de repente..." (117). O próprio abrasileiramento da língua é parte dessa reconstrução, na medida em que representa lingüisticamente a busca do autêntico; mas na medida em que é uma estilização cuidadosamente elaborada, partilha também os fingimentos, tornando-se a máscara do genuíno. A intenção da sinceridade implica sempre a "segunda intenção".

Vestido de Preto é a estória do primeiro beijo do casalzinho de cinco anos — beijo que "me deixara completamente puro..." São os adultos que destroem esta pureza: ao entrar a tia, "percebi muito bem, pelos olhos dela, que o que estávamos fazendo era completamente feio". A partir daí começa a tragicomédia das simulações: "Naquele instante, eu estava só pensando em disfarçar, fingindo uma inocência que poucos segundos antes era real". É um "acordar à força provocado por Tia Velha..." Agora começa a decomposição das relações do casalzinho; todo um mundo adulto, com suas categorias e convenções sociais, interpõe-se entre eles, desviando o rumo primitivo de suas vidas, eivando-lhes o comportamento de intenções ocultas: ela casando por despeito, o narrador "aprendendo a vencer só de raiva, me impondo ao mundo por despique, me superiorizando em mim só por vingança desesperada". É a criatividade do ressentimento a que se superpõem as racionalizações do "cabotinismo nobre, necessário, maravilhosamente fecundo", sendo que "estes móveis aparentemente insinceros, máscaras de uma realidade primeira, fazem parte da nossa sinceridade total" (*O Empalhador de Passarinho*, p. 80). Bem de acordo com isso revelam-se, no conto *Frederico Paciência* (o 7.º), debaixo da perfeição de uma amizade de adolescentes, impulsos dúbios, "inconfessáveis"; mas "não valia a pena sacrificar perfeição tamanha e varrer a florada que cobria o lodo..." E o narrador acrescenta: "e seria o lodo mais necessário, mais 'real' que a florada?" Isso, sem dúvida, dirige-se contra a unilateralidade de "desmascaradores" como Nietzsche e Freud (a quem o narrador se refere com certa ironia logo no primeiro conto, ainda que se note na coletânea certa influência da psicanálise). É que a realidade está no todo; e não só a realidade: também a verdade. Seria erro querer reduzir tudo ao "lodo". Também a florada cabotina é parte da verdade. Esta é constituída tanto pela face como pela máscara. Mas é evidente que o fundo encoberto se reveste de fascínio e importância peculiares.

É característico o título do 4.º conto: *Atrás da Catedral de Ruão*. A devassa freudiana da murcha máscara de *Mademoiselle*, a professora velhota de francês, com sua blusa alvíssima de rendinhas crespas, com suas faces pálidas, a que "a camada vasta de pó-de-arroz não disfarçava mais o desgaste" — essa devassa põe a nu um ninho repleto de uma bicharada de anseios e impulsos os quais, se deles tivesse conhecimento, decerto não iriam ser aprovados por Dona Lúcia, a mãe das duas alunas (que, abandonada pelo marido, por sua vez se entrega "à representação discreta da infelicidade"). O francês das aulas participa da mascarada e do desmascaramento. Cria uma solidariedade secreta de conspiração entre as três donzelas, facilitando o "entrejogo de reticências e curiosidades malignas", na irresponsabilidade da língua de outras plagas. Irresponsabilidade graças à qual se pode sugerir imoralidades horrorosas que a língua de casa, a língua do cotidiano convencional, a língua materna e talvez mais ainda paterna (enfim, a língua do "superego") tende a recalcar. De certa forma, todos os contos poderiam ter o título *Atrás da Catedral de Ruão*. Todos eles focalizam o *derrière* da fachada.

Mas haverá por trás da "blusa alvíssima" e do pó-de-arroz do cotidiano somente miséria e "lodo"? Há também pendores mais virtuosos. Basta a perseguição noturna a um suposto ladrão (no 2.º conto) para que se manifeste — ao lado de cobiças e desejos menos acatados — a solidariedade do momento julgado perigoso. Ainda que colocados entre as aspas irônicas do narrador, revelam-se através da pequena rachadura da rotina qualidades de ternura, coragem e abnegação geralmente ocultas. Mas a insignificância do fato desencadeador da revelação tinge tudo de certo humor, devido à disparidade entre a boniteza das atitudes e a mediocridade do pretexto da perseguição a um ladrão invisível. O enorme declive entre a grandeza das virtudes ostentadas e a pequenez da aventura que as suscita é francamente humorístico. E o humor revela a própria revelação como suspeita. A própria autenticidade "descoberta" é cabotina, a nobreza das atitudes é uma pose, ainda que "maravilhosamente fecunda". Há nesta visão toda uma antropologia que encara o homem como ser essencialmente "mascarado" (à semelhança das concepções de Schopenhauer e Freud).

O *sujet* do 3.º conto — *Primeiro de Maio* — é o mesmo, aparecendo, porém, na variação mais ampla da estrutura social e política. O pobre 35, carregador da Estação da Luz, comemora o grande feriado dos operários, ansiando por uma belíssima "turumbamba maceta". Mas é, no próprio feriado dele, o mais desamparado e isolado dos seres humanos. Penetramos na sua mente, através do estilo indireto livre, muito bem manipulado. Revela-se a imaturidade desse proletário, com consciência de classe muito rudimentar. "Era uma sarça ardente, mas era sentimento só". É completamente inerme neste feriado usurpado pelo paternalismo demagógico (o conto foi concluído em 1942) e se desfibra "naquela mascarada de socialismo", invadido pela "solidão enorme" e pelo sentimento da "inexistência fraudulenta". Toda a falsidade da situação é traída por aquela atitude paternal dos "três homens bem vestidos, se via que não eram operários, se dirigindo (das escadas do Palácio das Indústrias) aos grupos (de operários) vagueantes, falaram pra eles em voz alta: 'Podem entrar! não tenham vergonha! podem entrar!' com voz de mandando assim na gente. . . ."

Este conto magistral lança um clarão sobre as cisões e contradições que se manifestam numa sociedade em transição, ainda presa de padrões paternalistas, mas em vias de democratização, urbanização e industrialização. O processo é tão inevitável como as dilacerações e dissimulações causadas por ele. Há como que resistências entre os próprios beneficiados da emancipação. Como a criança de *O Tempo da Camisolinha*, eles abrem os "últimos olhos de inocência perfeita" e se opõem ao corte da cabeleira infantil.

Neste contexto enquadra-se o conto *O Peru de Natal* (o 6.º), essa pequena maravilha de humor, narrativa saborosamente brasileira. O peru com as duas farofas "redescobriu em cada um o que a cotidianidade abafara. . ." e a isso se associa o fato de ele, "comido a sós", apenas pela família restrita, eliminar o mundo patriarcal da "parentagem infinita", da "imundície de parentes já preparados pela tradição" e de o delicioso prato, concomitantemente, afastar a imagem do pai morto, cuja memória "obstruente" sufocara todas as iniciativas naturais, todos os impulsos espontâneos que poderiam brotar no recesso do lar. A vitória do saboroso peru sobre a imagem do pai — "puro-sangue de desmancha-prazeres" — é um ato de emancipação que poderia ter relevo de epopéia heróica se o protagonista não fosse precisamente um peru, embora com duas farofas. Desde então o pai não "prejudicava mais ninguém", visto que virou "estrelinha brilhante do céu", como ocorre aos heróis aposentados de Macunaíma e da Grécia. Ali não incomoda os vivos, é objeto de contemplação "etc.". Transforma-se, por sua vez, em "peru" que já não intervém no jogo da vida.

O conto central é decerto *O Poço* (o 5.º) que, situado no meio do volume, constitui como que o eixo da coletânea. É, sem tirar nem pôr, uma obra-prima do conto de feitio tradicional. Temos aí, realmente, o fundo, o poço, o lodo. Todos nós descemos com Albino para tirar a caneta de Joaquim Prestes do lodo e trazê-la à superfície da florada. É, sem dúvida, um conto que vive de si e tem plena autonomia de obra em si completa. Mas a partir dele entendemos melhor os outros contos e estes, por sua vez, lançam uma luz dentro de *O Poço*. Joaquim Prestes é o tipo acabado de fazendeiro patriarcal, cioso de mando, que "decide a lei", que tem "idolatria da autoridade" e não quer virar estrelinha do céu. "Não tivera que construir riqueza com a mão, dono de fazendas desde o nascer, reconhecido como chefe, novo ainda. Bem rico, viajado, meio sem quefazer..." Para desbravar restam-lhe só os pesqueiros na barranca fácil do Mogi. Na sua relação com os camaradas entra algo da dialética entre "Senhor e Servo", de Hegel: quem não trabalha e não cria, perde a autêntica consciência senhoril. A autoridade torna-se máscara, capricho, corrompe-se intimamente. Já o servo, ao trabalhar e plasmar as coisas, transforma-se, de coisa e meio, em ser autoconsciente e liberta-se das cadeias da servidão.

Joaquim Prestes ainda tem laivos de pioneiro — introduziu o automóvel na região, esta máquina de uma nova época. É caprichoso a ponto de ter três carros e dez chapéus estrangeiros, mas as meias é a esposa que faz. É paternal a ponto de ir de carro pessoalmente à cidade a fim de comprar remédio para o Albino fraco de peito — sem descontar no ordenado. Mas quando o rapaz quebra uma vidraça desconta os três mil e quinhentos do custo.

O choque entre o fazendeiro e os camaradas, no frio feroz do inverno, toma aos poucos feições dramáticas. O que para Joaquim é mero capricho, encontra por parte dos camaradas de início plena compreensão: a caneta-tinteiro do patrão não pode ficar na lama do poço que está sendo perfurado. Mas a teima irracional de Joaquim paulatinamente lhes exaspera os ânimos. Começam a achar ruim e, finalmente, um dos camaradas se demite antes que o fazendeiro o fizesse, "dando as costas a tudo, oito anos de fazenda, curtindo uma tristeza funda, sem saber". Tristeza de uma perda irreparável e de uma conquista dolorosa, quase indesejada, mas inevitável. Conquista de uma nova consciência. Quanto a Joaquim, fica assombrado. Que um camarada se fosse por vontade própria, nunca pudera imaginar. "A sensação do insulto estourara nele feito uma bofetada." O clímax é atingido quando José, o manso mulato, proíbe a Albino, seu meio-irmão, descer mais uma vez ao poço. O embate transcende o conflito pessoal entre o fazendeiro e seu "servo": o resultado é o desmoronamento de um mundo. Quando "os olhos metálicos" do patrão se cruzam com "o olhar puro, tão calmo, do mulato" e este, num tremendo esforço moral, que o faz oscilar, se livra com infinita tristeza de um fardo de séculos, a derrota não é do patriarca, como *pessoa*. É da pessoa, como *patriarca*. Os olhos de Joaquim "baixam, fixando o chão. Depois foi a cabeça que baixou. Os ombros dele também foram descendo aos poucos. Joaquim Prestes ficou sem perfil mais. Ficou sórdido". Como pessoa teria resistido, não lhe falta fibra moral e nervo de aço. Mas a história, o "espírito universal" não o sustentam, o tempo engoliu-lhe o chão debaixo dos pés. Diante disso, a força e autoridade de Joaquim transformam-se em mera aparência e máscara de quem está sem face, sem "perfil mais". Ante o processo impiedoso da história um patrão como Joaquim Prestes revela-se uma ficção superada.

Mas a desgraça, a consciência dividida é de todos: tanto do patrão que, mandando futilidades, no fundo manda sem convicção íntima, como dos camaradas que desobedecem com uma vontade infinita de obedecer. Dois dias mais tarde trazem-lhe a caneta, aquele objeto "meio místico, servindo para escrever sozinho", que por um capricho se tornou em símbolo patriarcal da superioridade do patrão, símbolo de domínio e masculinidade. Mas a caneta não escreve, tem uma rachadura. "Pisaram na minha caneta! brutos..." Pouco adianta que lhe sobram mais três se investira toda a sua autoridade, potência e honra naquela que não escreve mais. A de ouro — e esta mais que as outras — apenas finge com seu brilho representar o que foi tragado pelo poço, sem recuperação possível, como é irrecuperável a fé na estrêla-do-mar de *O Tempo da Camisolinha*.

THOMAS MANN:
APOLO, HERMES, DIONISO

1

A primeira parte das *Confissões do Impostor Felix Krull* — romance de aventuras "na época da burguesia moribunda" — saiu em 1922/23, depois de uma gestação de vários lustros. Ampliada em 1936, a obra foi lançada na sua forma definitiva, mas ainda assim fragmentária, em 1954, pouco antes da morte de Thomas Mann. Tão longa preocupação com o tema do impostor indica a sua importância para o autor. Infelizmente falta o segundo volume planejado, do qual não existe nenhum bosquejo. É, pois, impossível interpretar o último romance do escritor. Pode-se ape-

201

nas situá-lo dentro da obra total, ficando subentendidas as implicações de sátira social.

Um dos temas fundamentais dos romances de Mann é o artista, concebido como ator, isto é, como ser que representa o que ele não é e que, neste desempenho constante de papéis, é ameaçado de perder a sua identidade. Tal concepção do artista como ser ambíguo, dedicado às "aparências", já se encontra em Platão; Hegel reformulou-a, num capítulo polêmico da sua *Estética,* dirigido contra a ironia romântica; e Nietzsche, tendo por modelo Richard Wagner, elaborou toda uma psicologia do artista-ator, do cabotino, histrião e charlatão — tema também de um famoso ensaio de Mário de Andrade.

Temos aqui a raiz até de uma obra menor, quase marginal, como *Dono e Cão.* Nesta novela de Mann as relações cordiais entre Bauschan, cão de caça, e o amo, intelectual e romancista, ficam abaladas quando, durante um passeio no campo, se revela ao cachorro a burla de que é vítima. Até então se satisfizera, nos passeios diários, com a perseguição ofegante, tão ruidosa quanto vã e inútil, de lebres e patos. Não conhecia outra coisa. Naquele dia, porém, um homem de aspecto rude e vigoroso, erguido na outra margem do rio, enviou um relâmpago de uma vara tonitroante, e um pato caiu pesadamente nas águas, logo apanhado pelo solitário caçador. O tiro foi um choque tremendo para Bauschan, uma espécie de estalo de Vieira canino. Nunca sonhara com semelhantes possibilidades. Seu amo, apenas romancista e de modo algum caçador, não pôde deixar de sentir certo complexo de inferioridade. Na volta a casa, o cão parece repreendê-lo, chegando até a bocejar de quando em vez, fato que enche o dono de ira amarga.

Que relação existirá entre o dono desarmado, castigado pela decepção bocejante de Bauschan, e o cavaleiro de indústria Felix Krull? Aparentemente nenhuma. No entanto, pela justiça das coisas o cão de caça deveria pertencer ao caçador ativo e não ao amo contemplativo que vive no mundo da imaginação. Este é um dono falso, imposto, que não faz jus aos instintos saudáveis de Bauschan e que não sabe corresponder--lhes à altura. Não é sem razão que o cão se sente vítima de uma fraude.

Mesmo nesta novela, que parece tão distante dos problemas de Thomas Mann, reencontramos, pois, sugerido de leve embora, aquele tema fundamental do impostor que representa o que não é, do artista que apenas "passeia" pela vida, mas que não "caça", não entra em contato substancial e decidido com a realidade; que vive com a mão no gatilho, sem nunca atirar. Seu é o reino infinito das possibilidades e da imaginação, ele vive todos os papéis sem nunca optar por nenhum; a opção seria o tiro, o compromisso com a realidade que exclui o pairar na esfera das possibilidades; seria a identificação definitiva. É aí a origem de *Felix Krull*, do trapaceiro astuto e encantador, do homem que vive simulando e dissimulando, que gosta de trocar de nome, cuja existência aérea, irreal, não lhe permite pisar no chão real do matrimônio e para quem toda a existência se reduz à atuação mimética no palco do mundo. O próprio autor definiu toda a sua obra como "psicologia das formas de existência irreais e ilusórias".

Este tema reveste-se na obra de Thomas Mann de feições variadas, sutis, de grande complexidade. Já surge com Thomas, figura central de *Os Buddenbrooks*, que, como bom burguês, mantém as "aparências". O príncipe de *Alteza Real*, da mesma forma, vive desempenhando seu papel "representativo", sem nenhum contato com a vida real; na *Montanha Mágica* toda a coletividade do sanatório entrega-se a uma vida "irreal e ilusória". O mais brilhante impostor, porém, é o bíblico José de *José e seus Irmãos*, que desempenha, conscientemente, o papel divino de Adônis-Dioniso-

-Osíris, imitando o esquema mítico do deus despedaçado que, ressurreto, se ergue da tumba.

Pelo exposto verifica-se o lugar central das *Confissões de Krull* na obra de Mann, já que nelas a temática do disfarce se revela sem disfarce. Logo de início ela é projetada através da figura de Müller-Rosé, ator adorado pelo público, mas que, visto de perto, sem maquiagem, passa a ser um indivíduo feio e repugnante. Uma variação desse mesmo motivo é a própria concepção da decadência da burguesia tradicional — básica em *Buddenbrooks* —, agora retomado em forma satírica através da história da família Krull. O esvaziamento íntimo dos elevados valores morais da antiga burguesia, há muito tornados em ideologia e máscara, é ironicamente expresso no formidável e luxuoso acondicionamento que encobre o champanha composto de vinhos de qualidade mísera. O produto do pai e fabricante Krull, o vinho "espumante", é desde logo caracterizado, pelo mero uso do nome, como aparência epidérmica, sem substância sólida.

Como *José e seus Irmãos,* como *A Montanha Mágica,* também *Felix Krull* é um romance de desenvolvimento que nos mostra como o protagonista, através de seu encontro com o mundo, passa por um processo de crescimento e educação. Todavia, a forma tradicional deste tipo de romance — cujo clássico modelo alemão é o *Wilhelm Meister* de Goethe — torna-se aqui objeto de paródia. O herói de Goethe entrega-se inicialmente à experiência do teatro, mas seu caminho é o da integração na sociedade burguesa e da atuação no âmbito da realidade. Já o "progresso" de Krull é de certo modo inverso. Ele transforma a sua própria existência em teatro. Histrião nato, torna a realidade em palco no qual, mascarado, desempenha papéis e troca nomes até a perda da identidade. É de fato um "artista" e não é de admirar que o impostor, pairando no ar, sem chão debaixo dos pés, idolatre a acrobata, a "filha do ar" do Circo Stoudebecker.

Essa paródia, que de preferência toma por alvo certo gesto estilístico de Goethe, estabelece uma curiosa tensão entre o estilo elaborado, meticuloso, correto, muitas vezes pedante e eivado de floreios por assim dizer artificialmente colados e as aventuras picarescas do malandro e trapaceiro. Escrevendo a sua estória na cadeia (tumba de alusões míticas à queda e ressurreição, como as duas do bíblico José, a em que o lançaram os irmãos e a cadeia no Egito), o burlador se serve deste estilo como se fosse mais uma de suas máscaras. Neste extraordinário experimento lingüístico, impregnado de torneios tipicamente goethianos, há algo do "estilo morto de uma mascarada" (Nietzsche); algo da etiqueta do champanha composto de vinhos míseros, da espuma sem substância sólida; algo das caçadas infrutíferas de Bauschan. Neste estilo, que constantemente se ri de si mesmo, esconde-se um moralismo profundo: o intuito de demonstrar, através da linguagem levada a extremos de esmero cerimonioso, o esvaziamento, a decadência, a morte dos valores: "o bicho na concha já não vive, e assim os autores enfileiram concha ao lado de concha. Mas em Goethe ele (o bicho) ainda vive" (Nietzsche). O romance de Krull castiga os enfiladeiros de conchas, a mistificação lingüística da nossa época. Mas há também uma ponta de autopunição. Um dos maiores estilistas da literatura alemã, Thomas Mann parece duvidar do virtuosismo da sua própria arte; a sátira atinge o seu próprio estilo. Todo o romance pode ser lido como uma paródia à sua tetralogia dedicada ao bíblico José de que, nas *Confissões*, são repetidos trechos inteiros, quase ao pé da letra.

Com efeito, quanta semelhança há entre Krull e José, este personagem "bonito e belo" que é a imagem ideal do homem, abençoado pelas alturas e pelas profundezas, pelo espírito e pela vida, por Apolo e Dioniso! Como lembra a existência lúdica de Krull, a sua maneira certa de ser falso, de desempenhar o papel do Marquês de Venosta que lhe acrescenta a aparência ao ser, como lembra tudo isso a trapaça de Jacó, graças à qual o herdeiro falso, que era o certo, rouba a benção do pai a qual de direito pertence a Esaú, o caçador, que, certo embora, era o falso!

Disfarce e fingimento é também a raiz da ironia (este o sentido da palavra grega), embora ela use a máscara para tanto melhor desmascarar. Em essência, a atitude irônica, tão cara a Thomas Mann, se manifesta como recurso de comunicação oblíqua e ambígua. Os eventos, situações, emoções, valorizações e idéias a serem comunicados não o são, ponto por ponto, num paralelismo completo, pelas palavras adequadas, mas por um jogo de frases e torneios que se distanciam em maior ou menor grau do sentido a ser expresso. A ironia, parece que foi Bergson que o disse, sugere o que deveria ser como se já fosse, embora não seja. Em vez de dizer "Você é impontual", declara-se "Você não é precisamente pontual" ou mesmo "Mas como você é pontual!" Mas essa capacidade de distanciamento em face do imediatamente vivido, pensado e experimentado presidira a própria origem da língua humana. É graças a esta capacidade que os sons emitidos se transformam de mero sinal em símbolo. O grito — expressão e sintoma diretos da dor — converte-se em palavra no momento em que, cindida a unidade compacta, podemos emiti-lo sem sentir a dor, usando-o, de forma indireta, como símbolo e moeda corrente para falar *sobre* a dor; no momento, portanto, em que o homem, desdobrando-se, vivendo em cisão, é capaz de distanciar-se de si mesmo.

Admitindo-se esta modalidade um pouco sumária de argumentação *ad hoc*, poder-se-ia dizer que encontramos no berço da humanidade a faculdade lúdica do ator e da ironia, que é apenas uma potencialização do distanciamento original. A máscara, longe de simbolizar apenas o ator (em grego: hipocrites) e, em extensão, o artista, define uma condição fundamental do ser humano: a sua duplicidade que, inseparável da consciência reflexiva, o constitui como ser composto, como natureza e espírito, graças ao dom de não aderir pesadamente à vida imediata, mas de poder afastar-se dela com leveza trampolineira. É o caso de Felix Krull, este elegante "hipocrites" que vive aparentando o que não é. O tom irônico da obra potencializa e reflete a dubiedade do personagem, repetindo no jogo formal a temática. Os disfarces do herói são macaqueados pelos disfarces da ironia que ilude o leitor como Krull ilude suas vítimas. Desmascarando o impostor, desmascara-se o próprio autor na sua condição de artista e ser humano.

A predileção pela constelação "reflexíva" exprime-se no narcisismo de numerosas das suas figuras que amam a própria imagem, refletida, se não na água, ao menos no próprio sangue. Daí buscarem a unidade perdida no amor incestuoso, de preferência do irmão gêmeo, ou, como no caso de Krull, no amoroso jogo duplo do impostor que corteja mãe e filha ao mesmo tempo, amando nuina o reflexo da outra, isto é, não amando nenhuma, já que, o que ama, é a "constelação".

O gosto irônico pelo reflexo encontra sua correspondência "acústica" no papel privilegiado do eco. Eco é a ninfa apaixonada por Narciso a qual somente é capaz de repetir e imitar a voz dos outros. Boa parte das obras de Mann é, como vimos, em maior ou menor grau, paródia — eco, portanto, eco irônico e deformado de mitos, lendas e livros remotos que, através de vastos espaços históricos, repercutem nos seus romances. No *Krull* nota-se, por exemplo, como já foi mostrado, a "modernização" do romance picaresco e do estilo autobiográfico de Goethe.

Não são poucos os críticos que, convencidos com Kierkegaard e Hegel da "negatividade infinita" da ironia, negam à obra de Mann valor substancial. Com efeito, a obra-de-arte não pode ser sustentada apenas pela ironia, cuja química mercurial é demasiadamente corrosiva para permitir a criação de uma "obra". No entanto, é impossível fazer jus a Thomas Mann, apreciando somente este aspecto.

Nas camadas mais profundas, os seus romances revelam a presença constante, embora disfarçada, de fortes tendências místicas. De certo modo, toda a sua obra é uma tentativa de reconciliar de alguma forma a consciência arcaica, em unidade consigo mesma e com o mundo, e a consciência moderna, cindida. Seria difícil encontrar um livro seu em que as "divindades da profundeza", a natureza elementar, não encontrassem sua expressão pela presença do mar (mar, caos, noite, sono etc., são os sinônimos deste complexo romântico). Thomas Mann confessa o seu "pavor sagrado" ante o elementar, o profundo respeito e a atração avassaladora pelas trevas primitivas, ainda não iluminadas pela ironia (ou seja, pela consciência intelectual) — e ao mesmo tempo seu esforço humanista por distanciar-se desses poderes "chthonicos" precisamente pela ironia.

É impossível ler as *Confissões* somente como paródia, sátira e acusação. Quanta ternura e simpatia há nesta obra multívoca — não só do autor pelo herói, mas também deste pelo mundo humano que o cerca. Essa simpatia, que no grande capítulo do professor Kuckuck chega a ter alcance cósmico, essa "pansimpatia" talvez seja o tema fundamental da obra. Se Krull ameaça volatilizar-se numa vida sem substância, afastando-se da realidade com leveza trampolineira, há, contudo, dois poderes noturnos particularmente caros a ele, Eros e o sono, o suave irmão de Thanatos (morte), que o reatam de novo à natureza e ao mundo telúrico. Num pequeno ensaio, Thomas Mann fala do "doce retorno ao regaço da noite" e do "móvel metafísico", o leito, onde repousamos "de joelhos encolhidos como outrora na escuridão do ventre materno, religados por assim dizer ao cordão umbilical da natureza".

Assim, a ironia de Mann é ironia "para ambos os lados", tanto dirigida contra a entrega total às formas irreais e ilusórias da vida, ou seja, à existência estética e intelectualista, enquanto afastada da realidade, como contra a exaltação do telúrico e arcaico de que o distancia a ironia (atitude que motivou o violento ódio dos expoentes nazistas). Por ambos os extremos, cuja imposição unilateral equipara à morte ou ao nirvana, sente-se igualmente atraído. Não admira que tenha chamado a si mesmo um hindu hipnotizado pelo nirvana e pela morte. Neste contexto a ironia se revela como manifestação do moralismo de quem procura um caminho igualmente distante dos extremos apontados. A situação precária do homem é a do cavaleiro na gravura de Dürer: cercado pela morte e pelo demônio, segue firmemente pela vereda estreita.

Tal pensamento encontrou expressão perfeita no sonho de Hans Castorp (*Montanha Mágica*), durante uma tempestade de neve: uma juventude de clássica estilização grega entrega-se a graciosas atividades lúdicas, à beira de um mar sereno, numa atmosfera de apolínea luminosidade, enquanto no fundo, por assim dizer nos bastidores, num templo bárbaro, as mênades despedaçam com gestos dionisíacos uma criança para sacrificá-la às divindades da profundeza. Toda a civilização é disfarce, distanciamento de um passado remoto que, no entanto, continua presente nas camadas arcaicas do nosso ser.

Nota-se nesta página, uma das mais belas e profundas da literatura alemã, a presença "romântica" de Schopenhauer, Nietzsche e Freud, presença assimilada, aceita e ao mesmo tempo superada. A humanização forçosamente atravessa o estado da doença ou crise (termo grego que significa "cisão"); o homem é, necessariamente, "animal doente". Como o Nietzsche da fase média, Thomas Mann sonhava com um novo humanismo e uma "segunda inocência", com uma "de-cisão" que, sem ser síntese impossível, resultaria em gaia tensão, harmonia dialética baseada na superação do exclusivismo dos princípios opostos.

Uma análise estilística — inexequível sem a presença do texto alemão — mostraria como essa tensão se reflete na oposição entre o poder mágico-encantatório das orações longas, de ritmo ondulante, e a precisão acrobática, a lucidez extrema da estrutura e dos pormenores. Os famosos *leitmotive* têm ao mesmo tempo valor musical e de eco irônico. Por sua vez, no eco da paródia, ainda que deforme ironicamente as obras do passado, ressoa concomitantemente, como em todo eco, a nostalgia da distância e do paraíso perdido; nas suas momices renascem os faunos e ninfas. Revelando muita perspicácia, os filhos de Thomas Mann chamavam-no "Zauberer" (mágico) — termo que reúne os elementos do feiticeiro primitivo e do ilusionista e prestidigitador habilidoso.

É, pois, no proprio estilo que se revela a tensão irônica entre a consciência mítica e a consciência moderna, tema central de algumas das suas últimas obras. Trata-se de uma relação de repulsa e atração, de saudade cercada de precauções ardilosas ou, para usar o termo de Mann, de "ironia erótica", ironia que, reduzindo e abalando o radicalismo dos princípios opostos, se destina a tecer relações entre eles. A expressão estilística mais característica dessa ironia erótica é o traço que ao mesmo tempo separa e une termos contrários e cuja freqüência sugere que os opostos talvez nada sejam senão manifestações polares de uma unidade profunda. Adjetivos como "recatado" e "atrevido", "voluptuoso" e "sereno", "sóbrio" e "ébrio" juntam-se, relacionados pelo traço. Entre todos o mais paradoxal e esperançoso é o engate "demoníaco-urbano" usado com referência a Goethe.

Toda ironia tem certo caráter hermético. De tantos disfarces ela usa e abusa que só aos "iniciados" ela não mente. Quase todos os heróis de Mann são binatos como Dioniso. Despedaçados pela crise, eles ressurgem da tumba hermética (que também pode ser uma montanha mágica) para uma nova vida que, sabendo das trevas elementares, se dedica às obras do dia. É este o sentido "hermético" da ironia erótica e da arte. Hermes, com efeito, também na forma egípcia de Thot, o deus das letras e da magia lunar, tornou-se, particularmente no *Krull*, o deus predileto de Mann, como divindade artística exemplar: deus fálico e criador, é ao mesmo tempo simulador pícaro e trapaceiro malicioso, guia para o mundo do sono, da morte e da tumba; antes de tudo, porém, como irmão de Apolo e Dioniso, é intermediário mercurial e mensageiro alado entre os mundos olímpico e dionisíaco, entre os deuses da altura e da profundeza, alcoviteiro em escala cósmica que estabelece comércio entre o espírito e a vida, entre o ser e a aparência, entre a idéia e o esplendor sensível. Foi ele quem inventou a lira que, nas mãos de Apolo, junto com o arco, iria conter nas cordas o segredo da conciliação harmoniosa da tensão polar. Mas que seria Apolo, o deus da distância, sem Dioniso, o Deus do abraço ébrio? Se a este se deve o canto do coro, é aquele que acrescentou o diálogo dos hipócrites. Certamente temos de atribuir à mediação manhosa de Hermes a façanha de que os dois grandes deuses, reunidos no Templo de Delfos, se estendem as mãos num gesto de amizade.

2

Há outros recursos estilísticos a que Thomas Mann recorre para sugerir a tensão entre a consciência racional e a consciência mítica ou para dar força maior à irrupção de impulsos ou estados arcaicos dentro da esfera diurna do "senso comum", do papel social e da moralidade pública.

Esse conflito é o tema de *A Morte em Veneza*. O personagem central da novela, o escritor Aschenbach, é bem o tipo do artista ameaçado pelas opções extremas que foram antes expostas. Entregue a um labor ascético, dedicado à arte e ao espírito, absorvido por um intelectualismo afastado da vida, torna-se vítima fácil do extremo oposto, ao empreender uma viagem de repouso a Veneza, cidade de tradição quase mítica para o espírito alemão, mercê da atração mórbida que ela exerceu sobre o poeta Platen e sobre Nietzsche e Wagner. A atmosfera insólita da cidade e a paixão por um adolescente polonês de beleza mágica abalam até os alicerces a severa compostura "ocidental" do escritor e essa dissolução da disciplina, que leva de roldão todos os imperativos morais, manifesta-se violentamente na febre mortal que contrai, contaminado por uma epidemia de origem oriental (é característico que o jovem polonês e a peste, forças ao mesmo tempo dissolventes e libertadoras em relação ao mundo ocidental, são concebidos como enviados "orientais" ou, de qualquer modo, exóticos, traço recorrente na simbologia de Thomas Mann).

A partir de determinado passo, quando o herói da novela, o escritor Aschenbach, já foi fatalmente atingido pelos encantos do jovem Tadzio — paixão que o levará à perdição e à morte —, a partir, mais de perto, da citação de um verso homérico, surgem intermitentemente versos dactílicos e mesmo hexâmetros completos, adensando-se em certos momentos a tal ponto que o leitor se defronta com poemas, ainda que não impressos como tais.

Apesar de esses trechos serem de descrição, devendo-se atribuí-los ao narrador e não ao herói apaixo-

212

nado ou aos seus solilóquios e imaginações, é visível que se verifica uma subjetivação do processo narrativo: o mundo objetivo passa a ser focalizado, cada vez mais, a partir do protagonista entusiasmado; a prosa serena e lúcida do narrador, o *logos* da linguagem "comum" (também comum a todos), cede a impulsos ditirâmbicos; impõem-se as visões míticas do amante febril que, dominado por divagações arcaicas, alheando-se da sociedade e das suas convenções, se entrega ao apelo da comunhão dionisíaca.

É que o amor pelo formoso efebo evoca no velho amante o diálogo entre Sócrates e Fedro. Em plena Veneza renasce a beleza do mundo platônico, do misticismo órfico e do mito grego. A disciplina austera do herói se desfaz; prepara-se na sua mente a irrupção onírica do "deus estranho" (Dioniso) que acaba por derrubar as últimas barreiras "ocidentais" da razão ou da "prosa" (logos). É evidente que a "poesia" se reveste deste sentido peculiar de ditirambo e canto bacânticos somente no contexto da novela.

Há um tom quase imperceptível de paródia nos versos dactílicos que exprimem esta investida dos poderes abismais. No herói Aschenbach — autor "representativo" e lido até nas escolas — e no seu amor narcisístico (já que essa paixão encerra o adepto na torre de marfim do mesmo sexo), Thomas Mann não só atinge com certa malícia a Stefan George e ao simbolismo alemão da época (a novela saiu em 1913), mas parafraseia, antes de tudo, a concepção platônica de que o artista, cidadão suspeito, deveria ser expulso do Estado. Não se detendo aqui, Thomas Mann vai ainda mais longe do que o filósofo. Enquanto, no pensamento deste, a presença do belo conduz o amante ao reino luminoso das idéias, na novela o caminho é inverso: o expoente do espírito, seduzido pelo belo, perde-se no reino das trevas, conduzido por várias persogens fantásticas, espécie de psicagogos herméticos, que o levam ao Hades.

Todo esse universo arrancado das *"profundas"* se reflete na *elevação* poética do estilo. Não sem razão. Apesar de todas as implicações paródicas, a manifestação da vida "pânica", se de um lado representa a "descida" aos precipícios telúrico-demoníacos, significa ao mesmo tempo a elevação ao insólito, o acesso a novas dimensões, perigosas e mesmo fatais quando definitivas, mas indispensáveis à realização plena das virtualidades humanas. A linguagem poética exprime, portanto, o surto violento do irracional (infra ou supra-racional) no contexto do discurso racional, o ressurgimento do mito em meio do *logos*. Ela é, sem dúvida, exaltação e glorificação; mas é também ironia, advertência e antecipação profética.

Recurso análogo encontramos em *A Montanha Mágica*. A extensa declaração de amor que o herói Hans Castorp faz a Clawdia ocorre em francês. É quase todo um grande capítulo francês num romance alemão. Evidentemente, a língua de Descartes não seria em si o "medium" mais óbvio para exprimir ímpetos irracionais. Entretanto, na configuração alemã ela representa o elemento *estranho*. O capítulo em questão chama-se "Noite de Walpurgis" — noite pagã de bruxaria, portanto, em que todos os demônios estão soltos (como na cena do Fausto goethiano) e em que o monte Brocken, na Alemanha, servindo de ponto de reunião aos adeptos do diabo, vira verdadeira "montanha mágica". E é numa festa carnavalesca, com os doentes do sanatório usando os mais variados disfarces, que Hans Castorp põe a máscara do idioma estranho. A fantasia carnavalesca, encobrindo e apagando os papéis sociais impostos pela sociedade, restitui aos foliões e lhes desnuda os sonhos e impulsos primitivos e "autênticos". Assim encoberto, despindo o "hábito" social do seu

214

mundo diurno, o herói revela sem freios as suas tendências "profundas", o seu mundo onírico. É através da máscara do idioma estranho que se exprime autenticamente, sem máscara, porque não sabe exprimir-se nele correta e correntemente. Ou como ele diz: "...car pour moi, parler français c'est parler sans parler, en quelque manière, — sans responsabilité, ou comme nous parlons en rêve". Parece paradoxal: mas é precisamente a língua estranha que, no caso, se presta melhor para ser expressão psíquica imediata, como um grito ou um soluço, por não atingir a cristalização simbólica convencional, isto é, o nível espiritual. É como se Hans Castorp inventasse as palavras pela primeira vez, já que delas não dispõe como dispomos das palavras-mercadoria expostas nas prateleiras da *nossa* cultura.

Hans de fato não "fala" ou fala *sans parler;* sua capacidade de articular é quase extinta pela emoção; a hora predispõe mais ao contato direto das almas do cação entre ambos é como se fosse de seres irracionais; a acepção das palavras já quase não conta, é apenas pretexto para emitir a melodia dos *sinais* imediatos da paixão, em detrimento da função *simbólica* da palavra pela qual se transmitiria apenas a *idéia* da paixão. Egressos do universo espiritual, submergindo ou emergindo — segundo a valorização —, penetram num estado sortílego de comunhão primeva.

Em outras obras, certas alterações da consciência anunciam-se através de torneios populares (espécie de "queda" no âmbito dos níveis lingüísticos) ou de particularidades dialetais (provincialização e segregação em face do discurso comum, unificador). Enormemente rico de implicações é o uso do arcaísmo no *Doutor Fausto*. Trata-se de expressões da época da Reforma, com forte aura religiosa. É através da linguagem da

Reforma — movimento que, certo ou errado, Thomas Mann considera na sua forma luterana como impregnado de acentuadas tendências regressivas e que julga ter contribuído para a isolação da Alemanha no mundo do humanismo europeu — é através dessa linguagem luterana, empregada pelo herói Adrian, que o autor põe o Fausto moderno em referência com o Fausto do século XVI, ressuscitando toda aquela época com suas múltiplas implicações. Essa volta ao passado lingüístico — à tumba dos mortos — é uma verdadeira descida ao tártaro.

É característico que a primeira extensa manifestação arcaica se verifica numa carta em que o compositor Adrian descreve ao seu amigo Zeitblom (o narrador humanista do romance) a visita a um estabelecimento "alegre", aonde fora levado por uma espécie de guia turístico, figura ao mesmo tempo diabólica e de Hermes psicopompo (os deuses antigos tornaram-se diabos na Idade Média). Neste "inferninho", descrito na linguagem religiosa, Adrian é atingido pelo amor que lhe trará a doença, a fecundação demoníaca. Graças a este pacto com satã se lhe desinibirá a inspiração musical, emperrada pelo senso crítico demasiado agudo. Um dos presentes mais tentadores do tentador é o primitivismo requintado, o elementar e arcaico transburilados em refinamento vanguardeiro.

A segunda alteração extensa verifica-se na grande discussão entre Adrian e o demo, este último devendo ser concebido como uma projeção alucinatória do compositor, cuja consciência já se encontra em plena dissociação. Como convém, o espírito das trevas faz largo uso de arcaísmos sintáticos e vocabulares. A conversa, de resto, realiza-se em Palestrina, cidade natal do compositor Giovanni Pierluigi, onde sob as ruínas causadas pelos bombardeios da última guerra foi encontrado um imenso templo etrusco, cheio de representações de demônios terríveis.

A última irrupção arcaica, a mais carregada, a que se manifesta na grande alocução de Adrian aos seus amigos, acompanha a desagregação definitiva da sua personalidade, o enlouquecimento de que esta linguagem "alienada" desde o início fora sintoma precoce. A alienação — em todos os sentidos — deve ser entendida também em escala coletiva, já que no destino de Adrian se reflete o do movimento político nazista, cujo primitivismo requintado e adoração exaltada do arcaico empolgava largos setores do povo alemão.

Esta última alteração ultrapassa de longe o corriqueiro emprego literário do arcaísmo. O verbo é manifestação essencial do ser humano. É, segundo a tradição, emanação do próprio *logos* universal. Na conexão e no sentido da oração externam-se a conexão e o sentido do próprio Ser e é nesta unidade que os homens, comunicando-se, encontram sua unidade humana. A alteração profunda da linguagem, dentro de um contexto maior que representa esta unidade abarcadora, passa a ser sintoma, mas também causa, de uma desagregação que atinge a própria substância humana, a sua segregação do *logos*, do dizer universal, da razão e do Ser comum a todos e dos quais se aparta o alienado. O pecado de Adrian, como aquele que levou à confusão babélica das línguas, é a soberba luciférica, a *hibris* que causará a queda de ambos, do novo Fausto e da nação de que ele é expoente.

3

Na sua obra autobiográfica *Éramos Cinco*, Viktor Mann — irmão mais moço de Thomas — dedica muitas páginas à mãe, senadora Júlia Mann da Silva Bruhns, nascida em Angra dos Reis, Brasil, e falecida em Wessling, Alemanha. Algumas das referências ao avô teuto-brasileiro e à avó luso-brasileira merecem ser reproduzidas, embora nem todas devam ser interpretadas ao pé da letra, visto que por vezes mais parecem pertencer ao tesouro de lendas e anedotas da família. Talvez um ou outro dos nossos leitores possa confirmar ou desmentir parte dos dados apresentados pelo irmão do romancista.

O avô materno, Johann Ludwig Hermann Bruhns, nascido em Lübeck, emigrou por volta de 1840 para o Brasil, fundando uma empresa de exportações em São Paulo. Logo começou a plantar café e cana-de--açúcar nos arredores de Parati, tornando-se também dono de engenhos de açúcar em "Buena Vista" (!) e Angra dos Reis. "Ao lado disso deve ter possuído notáveis qualidades de pioneiro, pois destacou-se no desbravamento do interior, recebendo encargos do Imperador Dom Pedro II. A este último Bragança brasileiro, que dirigiu seu imenso País de forma prudente e enérgica, o avô esteve ligado por relações inicialmente humorísticas: quando o jovem comerciante vinha ao Rio, notava que todo o mundo o cumprimentava com devoção; verificou-se que em toda a parte o confundiam com o imperador que, portanto, apesar da sua origem portuguesa, deve ter tido um aspecto bem germânico" (o avô foi um gigante louro). Viktor prossegue: "Dom Pedro ouviu falar do sósia, mandou que lho apresentassem e lhe reconheceu logo as excelentes qualidades. Daí por diante apoiou de todos os modos os vastos planos do novo cidadão, delegando-lhe amplos poderes. O avô virou repentinamente engenheiro... abrindo o Rio Piracicaba à navegação..."

Já integrado no Brasil, "Ivão" Luiz Germano (esse "Ivão" certamente é uma corruptela de João, em alemão Johann) conheceu na Ilha Grande os da Silva, grandes latifundiários de origem portuguesa "que possuíam naquela ilha extensas fazendas de café e cana--de-açúcar". "Uma velhíssima marquesa brasileira, que conheci certa vez na Itália, afirmou, encantada por encontrar em mim 25 por cento de um patrício, que os da Silva teriam pertencido à nobreza da corte brasileira." Particular entusiasmo provocam no autor os "nomes sonoros" dos da Silva — "Gaetano", Manuel etc., enquanto suas mulheres se chamavam, quase sem exceção, Maria.

"Chamava-se também Maria a senhorinha da Silva, de beleza meridional, que se tornou a nossa avó brasileira... O casamento foi celebrado em 1848 pelo vigário José Alberto da Silva, na Igreja Nossa Senhora dos Remédios, em Parati. Três anos depois, a 14 de agosto de 1851, quando o casal viajava na região de Angra dos Reis através da mata tropical — a senhora numa cadeira portátil, o senhor montado — escravos na frente e na retaguarda, a caravana se deteve de repente. A senhora foi rapidamente acomodada debaixo de uma árvore. As escravas apressaram-se a assisti-la e logo mostraram ao senhor uma filhinha, enquanto de cima vinha a gritaria dos papagaios. Macacos espevitados espiavam e miúdos beija-flores flechavam como raios multicores através da sombra."

A pequena Júlia — mãe de dois dos maiores escritores alemães deste século (Thomas e Heinrich) — tinha o apelido de "Dodo". Passou os primeiros anos de vida em Angra dos Reis, cidade de que se lembraria até o fim da vida como de um "paraíso perdido". Depois da morte de sua esposa, "Ivão" Bruhns levou os cinco filhos — Manuel, Paula, Maria, Dodo e "Nenê" — a Lübeck para que estudassem em escolas de sua terra natal. Júlia permaneceu desde os sete anos na Alemanha. Casou aos 18 anos, tornando-se a consulesa e logo a senadora Júlia Mann da Silva Bruhns. "Mamãe costumava falar-me muitas vezes destes primeiros sete anos de sua vida, das alamedas de ananás, das chuvas tropicais, da febre amarela, das festas religiosas, do carnaval tumultuoso do Rio..." Da lín-

219

gua materna, contudo, bem pouco se lhe fixara na memória; não muito mais que "pai" e "mãe" e, além disso, "guayara" (?), "urubu", "beja-flor" (Viktor escreve "beja"), "carne secca" e uma canção (cuja melodia se encontra reproduzida) que começa assim na transcrição de Viktor: "Mulekkinho di meo pai..."; o resto citado em alemão: "... não me corta os cabelos, pois já estão muito curtos..."

Não aparece, na obra de Mann, nenhum personagem brasileiro. No entanto, o motivo biográfico da mãe brasileira desempenha papel decisivo na sua obra. Não importam, a este respeito, as duvidosas teorias raciais, a suposição, por exemplo, de que as gotinhas do mais ou menos comprovado "sangue" índio da família da Silva tenham exercido misteriosas influências na mente de Thomas Mann. O que importa é que este atribuiu, subjetivamente, imenso significado à sua ascendência "exótica", significado realçado pelo fato de a mãe ter sido uma marcante personalidade, de grande beleza, ampla cultura e extrema sensibilidade artística. A musicalidade de Thomas Mann — e a música é um tema-chave na sua obra — lhe veio evidentemente da mãe e o filho não se cansa de acentuá-lo. A irrupção dessa inclinação e, em extensão, do espírito artístico, numa família burguesa até então nunca tocada pelas musas, ligou-se definitivamente na imaginação do escritor e no tecido temático da sua obra à "mulher exótica", de beleza estranha, ser inebriante, ao mesmo tempo angélico e fatal.

Na novela *Tonio Kroeger* (nota-se já neste nome a união latino-germânica, meridional e nórdica), o protagonista é "moreno" num mundo de louros e no contexto da simbologia manniana essa "marginalidade", em que se confundem de modo inextricável o talento artístico, a ascendência peculiar e certa instabilidade "cigana", determina em definitivo a sua posição ambígua

220

no mundo burguês e "normal" dos louros. Em *Buddenbrooks*, Gerda é a esposa de Thomas, figura central do romance. É uma mulher de tipo exótico e estranha beleza, além de exímia violinista. Evidente transposição romanceada de Júlia, exerce um efeito ao mesmo tempo sublimador e perigoso na família burguesa de Lübeck: sublimador pela espiritualização e perigoso pelas implicações dissolventes dessa espiritualização num ambiente de sólidos comerciantes.

O tema torna-se obsessivo e um psicanalista bem poderia falar de um complexo de Édipo se Thomas Mann não fosse um conhecedor muito lúcido da psicanálise, recorrendo, com freqüência, conscientemente à temática do complexo edipiano. Certo é que seus heróis, enquanto alemães, se apaixonam exclusivamente por mulheres "exóticas". O próprio autor casou-se com uma moça de ascendência parcialmente judaica, cujo exotismo "oriental" é realçado nos deliciosos hexâmetros do *Canto da Criancinha*. Não há, a bem dizer, quase nenhuma alemã "pura" que desempenhe papel erótico de relevo nos seus romances. É seja a americana com "sangue" índio (*Alteza Real*), seja o rapaz polonês de *Morte em Veneza* (admitindo-se que, como objeto erótico do escritor Aschenbach, possa ser enfileirado nesta enumeração), seja a russa Clawdia da *Montanha Mágica* ou as húngaras, francesas e portuguesas de *Doutor Fausto* e *Krull* (deve-se excluir, naturalmente, as obras que se situam já em si em ambiente exótico ou que se prendem a fatos históricos). Os heróis, enfim, enquanto alemães, amam sempre mulheres estranhas, de influência ambígua, já que suscitam a eclosão de forças irracionais e poderes mórbidos dentro de um mundo de disciplina e imperativos categóricos. Simultaneamente, porém, encarnam virtualidades de ampliação e expansão emocionais e espirituais que levam os respectivos heróis às crises mais profundas e, assim, aos últimos limites da sua vida e do seu desenvolvimento.

Na expressão simbólica da experiência biográfica fundamental cabe às amadas exóticas quase se diria uma função teológica: o ente estranho introduz num mundo organizado, de simplicidade primitiva, a semente demoníaca do conhecimento e da duplicidade, transtornando a "pureza" original. O mito da expulsão do paraíso se liga indissoluvelmente a essas mulheres "fatais" mancomunadas com a cobra. Mas é precisamente essa "queda" e irrupção libertadora que transforma os heróis em seres humanos na plena acepção da palavra, isto é, em seres moralmente relevantes. Como o exprime em francês a russa Clawdia de *Montanha Mágica* "... il est plus moral de se perdre et même de se laisser dépérir que de se conserver". Ou como ainda o define Adrian, em *Doutor Fausto*: "No fundo há só um problema no mundo e seu nome é este: como se verifica a irrupção libertadora?... Como arrebentamos o casulo e nos tornamos em borboletas...?"

Foi em *Doutor Fausto* que Thomas Mann introduziu o símbolo mais poético dessa fecundação ambígua que leva o protagonista, o compositor Adrian, à loucura, mas ao mesmo tempo à suprema genialidade: a húngara, a quem é conduzido por artimanhas do diabo e que lhe acerta a flecha venenosa, confunde-se na sua mente com uma borboleta de asas transparentes como vidro, cuja imagem o pai lhe mostrara na juventude. As letras do seu nome abreviado — h-e-a-e-es — que ao mesmo tempo constituem designações do sistema de notação alemão, aparecem em múltiplas variações nas obras do compositor, formando a figura básica de um motivo musical estranhamente melancólico. É que essa borboleta, "amando na sua nudez translúcida a folhagem crespuscular, se chamava Hetaera esmeralda".

Essa linda borboleta, enviada ao Museu Britânico em 1845, encantou o zoólogo inglês Doubleday de tal forma que lhe desejou render uma homenagem especial — é o biólogo suíço Adolf Portmann que o relata: as asas diáfanas, iluminadas de suave brilho dourado e ornadas de duas manchas azuis, lembravam-lhe os seus estudos clássicos e os vestidos transparentes das cortesãs gregas. Assim, o sábio inglês deu-lhe o nome de "Hetaera", acrescentando à espécie peculiar ainda o nome de Esmeralda, famosa cigana que, a partir de 1831, fizera grande êxito através do romance *Notre Dame de Paris,* de Victor Hugo.

A borboleta foi descrita, ainda no século passado, por um explorador inglês, Henry Walter Bates, numa obra de viagens. Em 1935, saiu na Suíça um livro ilustrado sobre a beleza das borboletas em que os editores aproveitaram a descrição de Bates. Essa obra contém um prefácio de Hermann Hesse que ofereceu ao seu amigo Thomas Mann um exemplar. Foi certamente o nome poético da borboleta que lhe inspirou um dos mais belos e profundos símbolos da sua obra. Entretanto, não terá exercido certa influência também a origem de Hetaera esmeralda? A borboleta hermética provém do Brasil, do "paraíso perdido" de que a mãe tanto falara aos filhos. O maior dos romances de Thomas Mann é ao mesmo tempo o único em que, de uma forma quase impalpável, o Brasil está presente, não como realidade, evidentemente, mas como um símbolo romântico (que poderia ser representado por qualquer outro país longínquo). Essa presença se deve àquela borboleta formosa, guia alada para arcanos demoníacos, que adeja misteriosamente pelas composições do herói, sintetizando, mais uma vez, o motivo biográfico da beleza remota que trouxe para uma família nórdica o perigoso e sublime dom da arte.

KAFKA E KAFKIANOS

Kafka, hoje.

Depois da fase das exegeses especulativas e "totais", em termos teológicos, filosóficos, psicanalistas ou sociológicos, a crítica kafkiana tornou-se mais cautelosa e paciente, induzida, quem sabe, pela palavra do próprio Kafka: "Talvez haja só um pecado capital: a impaciência". A obra multívoca de Kafka sem dúvida se presta às focalizações telescópicas mencionadas, aos golpes totalitários da "decifração". Alguns dos resultados convencem, embora se contradigam; outros se complementam. Mas este estado de coisas, em que uma obra literária se tornou em trampolim para desenvolver cosmovisões, é pouco satisfatório. Segundo F.

Martini, a frustração é a situação tipicamente kafkiana em que se encontram tais exegetas. Daí a preferência atual por uma focalização menos audaz, mais microscópica, mais literária. Mesmo um pensador como Wiesengrund-Adorno, de quem o próprio Hegel invejaria a dialética, se limita a escrever apenas *Anotações acerca de Kafka*, nas quais, aliás, ridiculariza as interpretações correntes: "É, quase tudo, existencialismo". E humildemente reconhece: "Cada oração (de Kafka) diz: interprete-me, e nenhuma quer admiti-lo". Wilhelm Emrich, atualmente autoridade acatadíssima em matéria de Kafka, que dirigiu golpes veementes contra as costumeiras exegeses religiosas, quer dizer contra Brod e os seus seguidores, começa um estudo com palavras de modéstia extrema: "No fundo não se pode hoje falar sobre a obra literária de Franz Kafka. Isso só será possível quando for conhecida a sua estrutura e elucidada a disposição das suas partes". O que importa é a atitude expressa nestas frases. Nenhum leitor espera que o autor, dito isso, se atenha ao dito e encerre o estudo. Emrich, ao contrário, apresenta uma interpretação magistral que é exatamente oposta à interpretação igualmente magistral de Günther Anders.

Este último realça a posição kafkiana em favor do compromisso e ajustamento completos em face de autoridades pré-fascistas; aquele destaca a luta incessante dos heróis kafkianos contra estas mesmas autoridades. Anders afirma que o poder equivale, para Kafka, ao direito; o homem sem poder e, portanto, sem direito é por isso mesmo culpado. Emrich, ao contrário, considera Kafka como "moralista no sentido rigoroso da palavra" que procura "reconstituir a responsabilidade absoluta do homem". Para Anders, Kafka é também um "moralista", mas do conformismo, cuja mensagem moral — o *sacrificium intellectus* — seria completada pela mensagem da auto-humilhação.

As interpretações opostas de ambos os autores, ao contrário da maioria das exegeses especulativas, apóiam-se em larga medida nos textos. E de certo modo ambos têm razão. Os heróis (principalmente dos três romances) de fato querem conformar-se, querem ser aceitos pelos "poderes" (qualquer que seja a interpretação que se lhes dê), querem ajustar-se por completo. Mas ao mesmo tempo não o conseguem. Os protagonistas de Kafka são elementos perturbadores, ainda quando tomam a forma de barata; não sabem pactuar e entrar em compromisso, por mais que o queiram. Daí resulta a negação do compromisso, a situação kafkiana do "herói" que oscila entre a auto-entrega e a auto-afirmação, ficando frustrado em ambos os sentidos: não se ajusta e não se afirma. Mesmo um conto como *O artista da fome* (O faquir), que tão radicalmente nega o compromisso, nega ao fim esta própria negação, no momento em que o "artista" moribundo, já em si ambíguo por desempenhar a sua ascese diante de amplo público, confessa que quisera o ajustamento (quisera comer), mas simplesmente não encontrara nenhuma "comida" aceitável. Esse fato terrivelmente humorístico decorre indubitavelmente de uma incapacidade. Mas exprime ao mesmo tempo uma capacidade que, negando a negação da negação, estabelece a figura kafkiana das possibilidades que se anulam, da dúvida que duvida da própria dúvida, *ad infinitum*.

A situação não se torna mais satisfatória pelo fato de as interpretações de ambos os autores acabarem por coincidir, já que os extremos se tocam. Emrich afirma que Kafka persevera até o fim na visão da liberdade, na imagem do homem verdadeiro, tornando-se o crítico mais radical das escravizações humanas, mas isso pela imagem negativa, mostrando a vida deformada, falsa e irresponsável. "Quanto maior o radicalismo com que apresenta a impossibilidade da liberdade... tanto mais viva se torna a consciência da impossibilidade de se viver como vivemos, tanto mais inexorável surge a imagem do homem verdadeiro que ainda não existe..." Teríamos, portanto, um mundo de pesadelo conscientemente criado para, através da visão negativa, suscitar a positiva. Para Anders, ao contrário, Kafka apresenta a imagem do mundo desumanizado, fazendo ao mesmo tempo a apoteose dele. Mas como a imagem como tal é correta, ela nos pode servir de advertência, a despeito de Kafka. Ambos, enfim, coincidem em essência acerca da imagem apresentada pela obra, embora divirjam radicalmente no tocante ao sinal (positivo ou negativo) que Kafka lhe antepôs. A concordância se refere, pois, às situações fundamentais, a discordância às valorizações inerentes à obra; fato que, sendo por si mesmo característico da visão ambígua de Kafka, é sintomático das perplexidades da crítica. Pior ainda é a situação no caso da interpretação de certos contos. Uma narração como *Josefine, a cantora* — como se sabe, este conto, o último de Kafka, se desenrola no mundo dos camundongos — foi interpretada por H. Tauber em termos da teologia protestante (a voz do camundongo Josefine é identificada com a voz de Deus); por G. Anders em termos da situação judaica. Emrich refere o conto à situação da arte no mundo atual. Já Hans Mayer verifica que o conto não lida propriamente com protestantes, judeus ou artistas, mas, antes de tudo, com camundongos, roedores que enchiam Kafka de ódio e pânico.

A opinião de Mayer, adotando uma atitude semelhante àquela que, como vimos, Emrich defende pelo menos em tese, generalizou-se nos últimos lustros entre os especialistas que, tanto na interpretação como nas investigações biográficas, se afastam de Max Brod e começam pelo começo. Sobretudo procuram ler os textos com "inocência", como obras-primas da literatura e não como tratados teológicos ou filosóficos, repletos de mensagens misteriosas. Entende-se, a partir daí, a posição de um crítico mais novo, o romancista Martin Walser, que se refere com visível satisfação ao fato de, em vez de especular sobre se na obra de Kafka prepondera o julgamento ou a graça divina, se pôs a contar nela as portas e janelas e verificar quem, entre as personagens, usa cartola e quem usa barba, além de indagar por que ocorre tantas vezes a expressão "é verdade que".

Com efeito, logo que se abandonam as generalizações especulativas, insistindo numa leitura leal ao texto, sem saltar desde logo as categorias literárias, chega-se a resultados que, modestos embora, se afiguram mais seguros e, em última análise, mais férteis para cautelosas interpretações de ordem mais ampla. Semelhante análise é também necessária para determinar o alcance e significado das conhecidas influências de Lenz e Kleist a Hoffmann e Hebbel — e ressaltar a contemporaneidade dos processos literários de Kafka. Coincidindo com tendências atuais, quer por antecipação, quer por tê-las diretamente influenciado, Kafka tem uma presença na ficção moderna que só é alcançada por James Joyce. Enfim, é preciso integrar Kafka numa linha de tradição e renovação, vê-lo como herdeiro e pioneiro, em vez de arrancá-lo do contexto histórico e considerá-lo um monstro surgido dos famosos abismos do nada. É elucidativo, p. ex., ver a partir da perspectiva de Brecht o "efeito de distanciamento" usado por Kafka, com meios, fins e resultados bem diversos dos do dramaturgo. O papel da "marionete" tem enorme importância na obra de Kafka — pense-se em "Odradek (de *Tribulações do pai de família*) ou nas bolas do solteiro Blumenfeld, nos ajudantes do mesmo e nos de K. (em *O Castelo*) etc. Parece que ninguém investigou este *topos* na sua grande tradição moderna que vai de Hoffmann e Büchner, passa por Jarry e o expressionismo e desemboca no teatro de Ionesco e Beckett.

O exame literário demonstra que a obra de Kafka, apesar de diferenças marcantes, se encontra próxima do expressionismo, no tocante à sua estrutura fundamental. Apresenta um mundo "criado", aparentemente de fraca tendência mimética com referência ao todo da realidade empírico-histórica. Apesar de neste universo terem entrado muitas "partículas reais" de uma riqueza extraordinária, e esquemas básicos da vida de Kafka, esses elementos foram remanipulados segundo necessidades e obsessões expressivas. A imagem que surge é resultado de um processo de redução, acentuação unilateral, deformação; processo que, sob a pressão de uma espécie de apriorismo emocional e imaginativo, distorce, abala ou até elimina as categorias fundamentais — tempo, espaço, causalidade, substância —, assim como os níveis ontológicos — coisa, planta, animal, homem — que moldam a nossa experiência corriqueira. Por isso a realidade, embora os seus dados sejam assimilados, aparece curiosamente transformada, o que explica a impressão ao mesmo tempo de estranhamento e de *déjà vu*, de extrema realidade e extrema irrealidade. Como nas imagens oníricas e míticas, os elementos empíricos são perfeitamente reconhecíveis, mas o todo é enigmático porque as partes são ordenadas e concatenadas segundo outras regras e recompostas segundo padrões pouco habituais. O modo de como Kafka deforma ou anula as relações temporais, espaciais, causais etc. foi muitas vezes descrito e não é preciso exemplificar [1].

A visão do mundo a partir de uma consciência, que não se atém às formas básicas que ordenam a realidade empírica, suscita freqüentemente a impressão de sonho e pesadelo. O próprio autor caracterizou oca-

(1) Ver, p. ex., Roberto Schwarz. *A sereia e o desconfiado*. Ed. Civilização Brasileira, onde se encontra um agudo exame parcial deste processo com referência a *A metamorfose*.

sionalmente a sua obra como "representação da sua vida onírica". Há, sem dúvida, certa semelhança com processos surrealistas, sobretudo no que diz respeito à extrema precisão dos pormenores cujo conjunto, todavia, se afigura incoerente em termos empíricos. Prevalecem, no entanto, uma necessidade e coerência internas que não se coadunam com o surrealismo; não surgem imagens gratuitas e poeticamente fantásticas, completamente alógicas, mas, bem ao contrário, um mundo governado por leis e uma lógica rigorosa. Kafka, sem dúvida, aprendeu muito com os contos de carochinha; há na sua obra muitos elementos análogos. Tais contos, todavia, com seu "era uma vez", acentuam a sua própria irrealidade, ao passo que a obra de Kafka apresenta um universo que se instaura como "real", que não "era uma vez", mas que "é". Poder-se-ia falar, antes, de anticontos da carochinha porque nesta obra, embora se estabeleça nela um mundo de teor mágio-mítico, em vez de vencer a harmonia e se realizarem os desejos dos inocentes e bons, reina a desarmonia, o antagonismo radical entre aspiração e realização, a frustração em permanência.

O fato é que Kafka, como o expressionismo em geral, procura apresentar a estrutura fundamental da existência humana, precisamente por projetar o desenho a partir de uma consciência que se emancipou das regras do mundo empírico. Assim, a obra não quer ser entendida de um modo metafórico. Gregor Samsa, ao despertar, não se sente "como se" fosse um inseto, ao condenado da *Colônia penal* não lhe "parece" que a máquina lhe grava a lei na carne sangrenta, o solteiro Blumenfeld não tem uma alucinação ao ver as duas bolas saltando. Semelhante subjetivação psicológica talvez explique a origem de semelhantes ocorrências — Kafka de fato interpreta muitas vezes o conteúdo metafórico da língua ao pé da letra, p. ex., o de alguém se sentir como verme ou inseto — mas falha em reconhecer a intenção; esta objetiva, "ontologiza" a metáfora. Gregor não se comporta "como", ele "é" uma barata; o "como" é riscado, a origem psicológica, subjetiva, anulada e a projeção se constitui em ser objetivo. Esse processo é típico do simbolismo e expressionismo. A vivência interior, decantada da ordem empírica que encobre a visão da essência, é posta como absoluta. Este processo é descrito nas duas extensas orações de *Visto da galeria*. A primeira, ironicamente posta no condicional do bom senso, apresenta a verdade, com forte cunho onírico: uma amazona circense girando incessantemente, durante meses, no picadeiro, impelida pelo chicote do patrão e pelo aplauso das mãos que, na verdade, são pistões a vapor. Esta visão da essência provocaria — talvez — o "Basta!" do freqüentador. A segunda oração apresenta a aparência empírica, deliciosa, tipicamente *kitsch,* e ao freqüentador nada resta senão chorar, enquanto afunda no sonho que talvez lhe faça surgir a imagem da primeira oração. A obra de Kafka apresenta a imagem da primeira oração, depurada do condicional.

O que a distingue é o radicalismo deste processo, associado a um falar frio e sóbrio, contrário ao do expressionismo. A linguagem de Kafka é um alemão puro e rigoroso entremeada de raras expressões austríacas. No seu teor "administrativo", quase de protocolo, talvez reflita certo esforço sintático, típico de grupos lingüisticamente marginais. Esta linguagem antecipa de certo modo a da *Neue Sachlichkeit* (novo realismo, objetivismo), da década de 1920 (típica também no Brecht pós-expressionista). É uma prosa que se ajusta ao "mundo organizado", jurídico, com suas hierarquias de funcionários, que se impõe nos seus últimos romances; prosa, porém, que na sua circunspecta meticulosidade, na sua exatidão serena e pacífica, na sua distância desapaixonada, que desenha figuras muito graciosas e elegantes, se choca violentamente com as experiências muitas vezes horripilantes que comunica. Com justeza diz Adorno que não é o monstruoso que choca e sim a naturalidade com que é apresentado. A maneira desumana — de olho de câmera — de descrever o desumano talvez seja a única adequada; dá-lhe realce insuspeito pela falta de realce, não tende a humanizar o desumano. Este estilo, ao mesmo tempo, aplaina com sua indiferença neutra e um pouco monótona toda a diferença entre os elementos insólitos e realistas. G. Anders chama este "princípio" estilístico o da "explosão negativa": onde, ante o fato terrível, se espera um "fortíssimo", nem ao menos se manifesta um "pianíssimo", mas o mundo conserva simplesmente o seu acento sonoro imutável. Não é preciso dizer que muito dos efeitos grotescos e de humor negro da obra de Kafka decorrem dessa espantosa impassibilidade; tampouco é necessário realçar que o "imoralismo", a "indecência cruel" do "enunciado moderno", no qual parecem faltar os filtros sentimentais que qualificam o terrível como tal, resultam em ampla medida de Kafka; pense-se, p. ex., em Camus, G. Grass e em boa parte do teatro moderno.

Este estilo é particularmente significativo quando posto em referência com a perspectiva narrativa. A narração kafkiana se verifica em geral tendo por foco o herói, a partir de quem é projetado o mundo. Isso limita e "fecha" o horizonte da visão. Os heróis dos últimos romances, exteriores ao mundo hierárquico dos funcionários do qual fogem (embora fascinados, a ponto de fugirem avançando ao encontro dele: *O processo*) ou no qual procuram integrar-se (embora de outro lado o combatam: *O castelo*), ignoram os mecanismos deste mundo — e o leitor com eles. É a exata "ignorância" de todos nós, em face dos mecanismos "alienados" do nosso mundo em que há uma crise na bolsa de Nova Iorque quando surge uma ameaça de paz na guerra do Vietnã. Ignorando os mecanismos, o herói não-

-iniciado se queda perplexo ante a engrenagem misteriosa. O mistério se reveste de brumas sagradas. A distância em face desses poderes estranhos torna-se imensa visto já não intervir o narrador onisciente do século passado, com seus comentários elucidadores.

Todavia, conquanto o mundo seja projetado, em essência, a partir do herói, o foco narrativo não é por inteiro idêntico a ele; não é o herói que narra na forma do "eu", mas um narrador encoberto que se refere ao herói através do pronome "ele". Graças a isso, a visão do mundo é objetivada (não se trata de alucinações do herói) e "aprovada": é o narrador que se responsabiliza. Essa não-identidade explica também, em certa medida, a linguagem sóbria e ordenada que talvez fosse menos adequada se partisse de um "eu" na situação angustiosa do herói — situação típica da barata tonta. De outro lado, porém, a linguagem fria parece provir do próprio herói: lutando com o poder contrário, ele lhe sucumbe até o âmago do coração, adotando-lhe o caráter e passando a falar a sintaxe alienada do protocolo. Afinal, também 007 adota o caráter e os métodos dos seus adversários — e não só ele. Em *Descrição de uma luta,* obra precoce, um personagem prefere ser assassinado a chamar o policial da esquina. Levando tudo ao extremo, Kafka torna o seu universo mais real e mais irreal; quero "elevar o mundo ao puro, verdadeiro, imutável" (*Diários*).

Não há, pois, identidade entre o narrador e o "ele" do herói, embora suficiente congruência para que o leitor veja o universo a partir da situação extrema do protagonista, participando tanto da sua visão como da sua ignorância. Mas a congruência mencionada não é total: o narrador sabe por vezes um pouco mais do mundo que o herói poderia saber, mas de outro lado sabe um pouco menos do herói do que dele deveria saber se lhe fosse congruente. Por isso o próprio herói nos é estranho. Não só lhe ignoramos o nome,

234

apenas indicado pela letra K, que o torna anônimo e incompleto, mas também o passado e, no fundo, toda a sua vida íntima. Esta a bem dizer não existe, já que K. é totalmente devorado e como que esvaziado pela sua tarefa (de escapar, lutar com os poderes, perseguir, integrar-se) e pelas reflexões rigorosamente ligadas a ela, de modo que o vemos sempre colado à fase momentânea de sua busca, cuja frustração constante estabelece um padrão rigoroso de iniciativas baldadas. As suas "ações" e as reflexões, estas sempre seguindo aquelas em vez de precedê-las, são totalmente determinadas pelo momento, desenrolam-se em função do instante que passa. A voz do presente, tão amplamente adotada no romance atual, é uma derivação do narrar de Kafka, embora este tenha preferido a voz do pretérito. O conjunto dos momentos descritos cria a impressão de automatismo (vivemos num mundo de marionetes) e de "consciência rasa", sem dimensão interior — fonte do "eu falso" de Camus em *O estrangeiro* e da "consciência registradora" de Robbe-Grillet.

Visto que na obra de Kafka se trata de penetrar nas estruturas essenciais do homem, quer quando na situação da busca desesperada de sentido, ordem, harmonia e repouso, quer quando totalmente amoldado às hierarquias burocráticas do poder, o seu universo se apresenta despojado da psicologia diferenciada do romance anterior. Este antipsicologismo, que influiu poderosamente no romance posterior, eliminou os personagens plásticos, matizados, ricamente caracterizados, substituindo-os por indivíduos que tendem a tornar-se arquétipos, cada qual se definindo pela sua função ou tarefa na "organização". Essa "funcionalização", enquanto de um lado é sintoma terrível de um mundo que transforma o indivíduo em peça de engrenagem (incluindo o herói que tem o precário privilégio de ser peça mal ajustada, jogada ao fim no lixo), é de outro lado expressão "avançada" da nostalgia do mundo mítico, de um universo arcaico de cuja unidade primeva ainda não emergiu o indivíduo emancipado. Os romances de Kafka, de influência verdadeiramente avassaladora na literatura (e no teatro) atual, tendem à forma da epopéia arquetípica, traçando o mito da busca frustrada, busca empreendida por seres cuja culpa (talvez gloriosa) é a da queda na "individuação" de peça mal ajustada e cujo pecado é o da emancipação do indivíduo saído do "nexo universal" (Kafka era leitor apaixonado do Hebbel, cuja dramaturgia gira em torno deste tema). A tentativa baldada do "retorno" à unidade é o padrão arquetípico (ligado ao do "filho pródigo") que se repete em variações infinitas, sem que haja desenvolvimento, tempo criativo, história. Episódio segue episódio (como nas epopéias, nos romances picarescos e nas histórias em quadrinhos). O fato é que se pode por vezes inverter a sua ordem porque no fundo cada episódio repete a situação básica. Por isso os romances de Kafka nasceram como fragmentos. Outros episódios, em número qualquer, poderiam ser inseridos, enquanto repetissem o mesmo padrão. A morte de Joseph K. (*O processo*) não é impositiva; ela poderia ter ocorrido antes, mais tarde ou nunca, porque a história do herói é intemporal. O arquétipo fundamental repete-se até nos parágrafos e mesmo na sintaxe das orações. É conhecida esta sintaxe da frustração. As orações se iniciam com afirmações esperançosas que, em seguida, são postas em dúvida, desdobradas nas suas possibilidades, cada qual ramificando-se em novas possibilidades. Pouco a pouco a afirmação inicial é limitada por uma inundação de subjuntivos e condicionais; surgem os "embora", "de resto", "talvez", "é verdade que", " de um lado" e "de outro lado", até ao fim não sobrar nada e tudo ser anulado. Há um humor desesperado nesta rabulice do homem perdido num labirinto sem saída por não encontrar a entrada, o acesso ao "mistério". Com efeito, as portas, estas articula-

236

ções arquitetônicas da comunicação, da liberdade, do acolhimento, da exclusão e da reclusão, esses limiares entre a intimidade e o mundo, têm uma presença quase obsessiva na obra. Mesmo abertas, vedam o acesso à "lei" ou levam a lugar nenhum. Kafka escreveu o mito da frustração, da impossibilidade de voltar à ordem mítica.

Esta análise breve e omissa procurou manter-se dentro das sugestões da obra fictícia de Kafka, recorrendo sobretudo a categorias literárias. A chave para a porta que veda o acesso ao misterioso mundo de Kafka, não é a especulação desenfreada em torno de problemas remotos, mas a leitura que, sensível às qualidades ambíguas de uma grande obra literária, se abre às sugestões do texto.

As Memórias de Max Brod.

Vida Combativa é o título das memórias de Max Brod [2], chamadas por este de "autobiografia". Parece preferível falar de memórias visto o autor se referir menos a si mesmo que ao mundo em que viveu e aos homens com quem conviveu, quer nos "bons velhos tempos", na Praga da antiga Áustria, quer em Israel depois da invasão da Tchecoslováquia pelos exércitos nazistas. Ninguém, decerto, repreenderá Brod pelo fato de ter escrito as suas memórias em vez da sua autobiografia — não só porque é difícil distinguir uma coisa da outra mas também porque, falando com franqueza, no caso deste escritor culto, inteligente, bondoso e produtivo, o mundo em que viveu e os homens com quem conviveu tendem a interessar-nos ao menos tanto quanto o próprio autor — sem desmerecer seu valor de narrador incansável, de filósofo intermitente, de matemático amador e de compositor bissexto. Apesar disso

(2) *Streibares Leben*, Munique, Editora Kindler, edição original de 1960, edição de bolso, 1964.

é propósito deste artigo pôr em destaque o próprio autor, precisamente por ele nos interessar sobretudo como biógrafo e intérprete de Kafka. Fala-se muito de Kafka; convém focalizar também o foco que focalizou Kafka.

Brod, como autor austro-tcheco-israelense, talvez se oponha a figurar como autor germânico. Todavia, a sua língua, como a do seu amigo Kafka, é a alemã. Basta dizer que, segundo confessa, ainda hoje transcreve as notas para suas conferências hebraicas à maneira alemã — isto é, ocidental, — apesar das reclamações do auditório ao qual desagrada ouvi-lo falar hebraico. por assim dizer da direita à esquerda, enquanto os seus olhos se movem visivelmente da esquerda à direita. De resto, nunca adotou uma atitude irreconciliável. Seu lema atual, em face da Alemanha, chama-se "amor à distância"; e ele se confessa "amigo grato do povo alemão", mercê da "língua, educação, leitura e cultura". Nisto concorda com outro amigo, também de língua alemã — aliás longamente exaltado nas memórias —, o conhecido filósofo israelense Martin Buber, talvez o primeiro grande representante do existencialismo religioso contemporâneo, redescobridor e divulgador do "hassidismo" (seita judaica mística), adepto da "remitização" da religião judaica e. de resto, um dos autores que mais prêmios ganhou precisamente na Alemanha: escolha insistente que, bem se vê não pode deixar — e não deixou — de causar ótima impressão de lado a lado.

Max Brod nasceu em 1884. em Praga, estudou direito e tornou-se funcionário, como Kafka. Mais tarde trabalhou como crítico teatral e musical num grande diário de língua alemã da capital tcheca. Sionista desde o início do século (daí a sua tendência de interpretar Kafka neste sentido), fugiu em 1939 para a então Palestina, onde. se tornou conselheiro literário da companhia teatral Habimah. A obra de Brod, mesmo pondo de lado a parte musical (*Requiem Hebraicum*, danças camponesas, *lieder* baseados em poemas de Goethe etc.), é enorme. Ao lado de poemas (que influenciaram o seu conterrâneo Franz Werfel), peças teatrais, ensaios literários, religiosos e filosóficos, destaca-se a vasta obra narrativa que freqüentemente se abeira da literatura de entretenimento. Contudo, alguns livros, principalmente o romance histórico *O Caminho de Tycho Brahe para Deus* (1916; Brahe e Kepler surgem como figuras antagônicas) e o romance de educação *Stefan Rott* ou *O ano da decisão* (1931), alcançam nível superior.

Como pensador produziu obras apreciáveis como *Paganismo, cristianismo, judaísmo* (1921), *Da crise das almas e da cosmovisão das ciências naturais modernas* (1946) e *Da imortalidade da alma, da justiça de Deus e de uma nova política* (1947); títulos estes que, além de revelarem o "toque imponderável de Praga", indicam muito bem as preocupações religiosas e científicas do autor que procura relacionar "a epifania multiforme do mundo metafísico com os resultados recentes das ciências naturais e os imperativos de uma política justa". Brod visa a uma síntese entre as esferas (opostas) do "adorar" e do "ajudar", isto é, entre as esferãs religiosa e científico-político-social. Tal empenho se relaciona com sua bonita e sábia teoria do "nobre" e do "vil" infortúnio, exposta em muitos livros e recapitulada em *Vida Combativa*. O nobre infortúnio decorre do destino metafísico do homem, do fato de ser um ente finito numa conexão universal infinita, de ser um ente mortal, instável nas emoções, dependente do corpo, limitado no conhecimento. O nobre infortúnio, enfim, se arraiga em tudo que é intransformável, que faz parte inseparável da condição humana e contra o qual o poder do homem é impotente. Neste âmbito deve prevalecer a atitude humilde de quem adora e reconhece o mistério.

O vil infortúnio, porém, é reparável e exige a intervenção ativa do homem. A resignação humilde, impositiva no âmbito do eterno, é pecaminosa e condenável quando mantida no campo histórico do transformável; passa a ser então "a terrível culpa da omissão naquilo que é acessível ao poder moral e ao conhecimento racional do homem". Com ira bíblica dirige-se contra os que confundem as esferas e chamam eterno o que é apenas histórico e histórico o que é eterno Violentamente combate certa interpretação do pensamento de Kafka, segundo a qual o homem, "no momento em que pretende realizar o justo, à base da própria força, da razão autônoma e da moralidade racional, já se teria apartado de Deus e abandonado e traído a sua posição de criatura". Segundo Brod sugere, Kafka, bem ao contrário, teria sido adepto da concepção de que ao homem cabe aceitar o imperativo da atividade na esfera do vil infortúnio, aparentemente convencido de que "os males superáveis, p. ex., a guerra, o ódio entre as nações, a supressão social de camadas do povo, o homem não os deve enfrentar com humildade e sim de própria força, por assim dizer como delegado de Deus".

Esta interpretação não convence por completo. Nota-se em Kafka forte influência de Kierkegaard e da teologia dialética, segundo a qual o homem é um ser inteiramente "corrupto" que nada pode esperar de si mesmo e tudo da graça de um Deus *absconditus;* influência ainda visível no extremismo com que Dürrenmatt considera soberbia luciférica qualquer tentativa humana de "salvar o mundo". Uma palavra kafkiana como esta: "Há um fim mas caminho nenhum; o que chamamos caminho é hesitação" adapta-se muito bem à teoria kierkegaardiana do "salto", curiosamente aparentada com a concepção estóica de que não há transição (caminho) entre os tolos comuns e o sábio; só um salto resolve: raiz teórica da idéia da "conversão",

240

dependente da graça divina. Ou tudo ou nada; ou isto ou aquilo — segundo reza o título de uma obra de Kierkegaard. Nunca "isto *e* aquilo", como ensina a teoria do nobre e do vil infortúnio.

No entanto, há outras máximas kafkianas que falam em favor da interpretação de Brod e este naturalmente se apressa a citá-las: "A morte está diante de nós, mais ou menos como na parede da sala escolar um quadro da Batalha de Alexandre. O que importa é escurecer ou mesmo apagar esta imagem pelas nossas ações, ainda nesta vida".

Mas o peso de toda a obra de Kafka fala contra a concepção de Brod. Não, Kafka não é homem do "isto *e* aquilo", desta conciliação dos opostos que Brod já encontra em Goethe: "A mais bela fortuna do homem pensante é a de ter sondado o sondável e de adorar calmamente o insondável". Semelhantes ensinamentos Brod encontra na sabedoria judaica, p. ex., na estória do rabino que, salvo da morte por um milagre, declara: "Aconteceu-me um milagre; por isso vou fundar uma instituição útil". Ou naquela palavra famosa do Talmud: "Se tiveres uma muda na mão e te dizem que o Messias chegou, planta primeiro a muda e só então vai receber o Messias".

Embora o encadeamento de dois mundos radicalmente opostos, visado por Brod, não pareça coadunar-se com Kafka, é de bom grado que se segue o autor nestes caminhos da sua *Vida Combativa*. Mais difícil se torna a adesão quando quer "encadear" religião e ciência, tentativa que, segundo a sábia palavra de Bacon, costuma tornar herética a religião e fantástica a ciência (filosofia) — já que, segundo outra palavra do excelente inglês, as causas finais, por mais fecundas que sejam na religião, costumam ser, na ciência, estéreis como freiras. Não se quer dizer com isto que a razão filosófico-científica e a experiência da fé não se possam complementar. Mas Brod confunde complementar e misturar. Assim procura provar matematicamente a "infinitude positiva, atual" (não a "má infinitude" de Hegel) pela função tangencial que, crescendo com o ângulo crescente, atinge ao infinito. passa através dele e reaparece "do outro lado" no finito: fato que, segundo Brod, pressupõe a "existência real" do infinito. Eis um caso típico de "má ontologia" e de "matemática gnóstica".

As tendências "gnósticas", o esforço de elucidar "cientificamente" os mistérios religiosos, parecem ter feito parte da atmosfera de Praga. Até Christian von Ehrenfels, um dos grandes professores universitários de Max Brod — trata-se, como se sabe, do pioneiro da psicologia "gestáltica" ou estrutural (nisso inspirador de Max Wertheimer, igualmente de Praga e amigo de Brod) — até este cientista acabou desenvolvendo um curioso sistema cosmogônico, mercê de uma modificação assaz estranha da teoria gestáltica. Não admira que Kafka (isso consta dos seus diários) tenha visitado Rudolph Steiner, chefe da seita antroposófica, para confessar-lhe que, pelo menos no campo da literatura, sofria de estados de clarividência semelhantes aos descritos pelo profeta antroposófico. Segundo a narração de Brod, Kafka desejava pedir ao sábio um conselho, num dilema tipicamente kierkegaardiano (que contradiz radicalmente a teoria do "isto e aquilo" de Brod). É que a dedicação à literatura lhe dificultava a execução dos seus deveres de funcionário e vice-versa — certamente para surpresa de muitos escritores que só conseguem ser escritores por serem também funcionários. Ademais, a paixão lítero-estética entrava em choque com a busca religiosa de Kafka. Ou isto ou aquilo (Kafka queria que Brod queimasse a sua obra literária). Segundo o autor de *O Processo,* a literatura torna os escritores vaidosos, produzindo satisfação precoce e impedindo assim a verdadeira solução, o caminho para Deus.

Steiner, infelizmente, não se mostrava à altura do dilema de Kafka. Supôs que se tratasse de embelezar esteticamente o ritual religioso e lhe garantiu que o ritual antroposófico é altamente estético. Brod atribui o fracasso de Steiner ao resfriado que justamente pegara. Só a Kafka poderia acontecer caso semelhante: visitar um profeta — e o profeta da "ciência do espírito" — e encontrá-lo de clarividência entupida pelo defluxo (Kafka descreveu este defluxo meticulosamente e se desinteressou em seguida da antroposofia). A reação de Brod, aliás, é de desconfiança; um homem que "possuía forças e intuições divinas" não deveria naufragar de tal modo por causa de um simples defluxo. No entanto, embora se trate apenas de um resfriado, temos aqui um caso típico de "nobre infortúnio": o defluxo do profeta ilustra o ensinamento de que o ente humano depende do corpo, limitação metafísica que Brod deveria ser o primeiro a admitir com humildade e resignação. O incidente com Rudolph Steiner indica que Brod não chega a ser um entusiasta da clarividência, mas a atmosfera da Praga de então parece tê-lo suficientemente contagiado para torná-lo ao menos, como se vê pelas suas especulações matemáticas, em "obscurividente", segundo a excelente expressão do sr. Vilem Flusser.

Como se vê, escrever sobre Brod significa escrever sobre Kafka — e involuntariamente penetra-se na esfera do humor religioso.

Um Vizinho de Kafka

Há livros de memórias que merecem atenção não pelas suas qualidades literárias, nem pela importância particular do memoralista ou pela sua capacidade de observar e julgar a época e os contemporâneos; suscitam interesse, antes de tudo, pelo fato de o autor, graças a circunstâncias várias, haver mantido contatos com numerosas personalidades de escol e revelar as suas reminiscências com despreocupação e franqueza. Não se esperará, no caso, a profunda visão e o prazer estético que nos proporciona a leitura de uma obra como *Poesia e Verdade* de Goethe. Não se procurará ao lado e acima da "verdade", isto é, na acepção deste título, ao lado dos meros "fatos", a verdade mais profunda da "Poesia", isto é, da imaginação criativa que dá unidade e perspectiva à mera sucessão factual. Esperar-se-á, ao contrário, gozar as vantagens da mediocridade, da mera narração dos fatos. Não nos defrontaremos com radiografias, nem com lentes convexas ou côncavas, mas simplesmente com o espelho plano do senso comum que admite a existência de fatos. Afinal, o senso comum não deixa de ter os seus méritos.

De início parece ser esta a qualidade do livro de memórias de Willy Haas, *O Mundo Literário* [3]. Mas, deve-se logo acrescentar que seu autor é inteligente demais e tem idiossincrasias demasiado acentuadas para que as vantagens mencionadas se manifestem integralmente. Tanto a forte personalidade como a inteligência são, no caso, elementos perturbadores, embora aumentem o interesse do livro. Poder-se-ia dizer, de certo modo, que o maior defeito do livro consiste em não ser ao menos medíocre, já que não atinge, de outro lado, o nível da transfiguração imaginativa.

Willy Haas nasceu (1891) em Praga, um ano depois de Franz Werfel e alguns anos depois de Franz Kafka e Max Brod. Provém do mesmo ambiente, da mesma "vizinhança"; era amigo íntimo do primeiro e conhecido dos mais velhos. R. M. Rilke já pertencia à geração anterior e ele "mal existia para a geração de Werfel, Kafka e Brod... Nos seus escritos nada seria diferente se Rilke nunca tivesse vivido. Havia algo na

(3) *Die Literarische Welt*, Munique, Editora Paul List, 1957.

sua obra e figura que nos repelia: seu aristocratismo esnobe, exatamente aquilo que não nos desagradava no caso de Proust porque lhe assentava como um terno sob medida". Os Rilke, cuja residência se encontrava não muito distante entre as de Haas e Werfel, pertenciam "mais ou menos à nossa camada social. Tudo que Rilke fazia, na sua obra e vida, para sugerir quaisquer origens sumamente aristocráticas, era de molde a irritar-me ao extremo e creio também aos outros".

Pelo que se vê, ser vizinho de um grande poeta — ou pelo menos dos vestígios de suas origens — pode resultar em prejuízo para a apreciação despreconceituada da sua obra. Haas confessa que nunca conseguiu encontrar o caminho para apreciar a obra de Rilke.

Já maduro, Haas transferiu-se para Berlim, onde se tornou na década de 1920 — o grande período da antiga capital alemã — crítico cinematográfico e teatral. Maior, porém, foi o seu êxito como organizador e diretor de um periódico literário, *Die literarische Welt,* em que, de 1925 a 33, apareceram trabalhos inéditos de Valéry, Cocteau, H. von Hofmannsthal, R. Musil, Th. Mann, E. R. Curtius (que escreveu sobre Joyce, Eliot, Proust, Aragon etc.). Apesar da irritação que lhe provoca o esnobismo de Rilke, Haas narra com orgulho particular como a duquesa de Clairmont-Tonerre lhe cedeu um pequeno manuscrito inédito de Proust. Tornaram-se famosas as *enquetes* do periódico, por exemplo, sobre Beethoven; ocasião em que Maurice Ravel respondeu: "Mesmo não pondo em dúvida o gênio de Beethoven, acho sua música imperfeita. Deve ele sua glória essencialmente literária em boa parte à lenda da sua vida, à sua enfermidade (surdez) e à generosidade das suas idéias sociais". Georges Auric declarou: "B. não me interessa... É completamente impossível haver um ressurgimento dele, à semelhança daquele de Bach". Tais e semelhantes respostas eram bem desagradáveis para Haas, já que a *enquête,* organizada em 1927 para comemorar o centenário da morte do compositor, em vez de resultar em homenagem, se constituiu quase em "enterro" definitivo.

A essas páginas acrescentam-se outras sobre a vida teatral de então, sobre Max Reinhardt, por exemplo, de quem o autor destaca não só as grandes qualidades mas também os grandes vícios: mania de grandeza, "imperialismo desmedido" e inclinação para o espetacular e sensacional. Mas em meio dos seus múltiplos afazeres, Haas encontrou ainda tempo para adaptar novelas à tela ou escrever cenários, assim para G. W. Papst (*A Rua sem Alegria,* com a Garbo e Dietrich), para Jacques Feyder (a versão de *Thérèse Raquin*), Karl Grune e outros. Durante a guerra escreveu cenários em Bombaim, Índia, para o produtor Mohan Bhavani, adaptando, por exemplo, *Os Espectros* de Ibsen ao gosto do público indiano, isto é, dando ao roteiro uma duração de cinco horas e introduzindo na peça do realista norueguês danças rituais, cantos religiosos e episódios da mitologia hindu.

É precisamente em tais e semelhantes capítulos, ricos de informações sobre a vida literária e artística da época, neste mosaico de impressões e apanhados anedóticos, sem uma visão coerente e profunda de uma grande época, que gozamos de todas as vantagens de uma mediocridade hábil e por assim dizer modelar. Agrada-nos ler que o jovem estudante de Praga, entusiasmado pelas *Cinq grandes Odes,* escreveu diretamente a Foutchéou, na China, convidando Paul Claudel para realizar uma conferência na capital tcheca. E se não recebeu resposta de Foutchéou, foi porque o autor dos poemas já há tempo se tornara cônsul precisamente em Praga, passando a ser mais um vizinho de Haas. Ao mencionar a "pompa verbal" de Claudel, Haas acrescenta que tal caracterização não tem nada de pejorativo para quem tenha nascido numa cidade barroca como a capital tcheca. "Claudel enquadrava-

-se nesta Praga barroca como nenhum outro; não é sem razão que mais tarde iria glorificar tantas vezes os nossos santos..." O poeta francês era para Haas o extático e fulgurante contrapeso e complemento de Kafka. "A Praga de Kafka era a cidade velha, escura, crepuscular, a Praga dos pátios palacianos decaídos, cheirando a couro, dos sotãos, porões, açotéias e alpendres suspeitos, onde roupas úmidas balouçavam nas cordas: aqui se reuniam seus estranhos tribunais julgando um crime indefinível, mas muito concreto..."

É curioso como o espelho plano desse observador — que nos dá uma imagem superficial e insignificante, mas de algum modo "real", da imensa Berlim de década de 1920 — se curva e embaça ao refletir a "sua" Praga e o misterioso mundo austro-húngaro--tcheco-boêmio-alemão da monarquia habsburga, isto é, dos "vizinhos". Mas o resultado parece ser mais uma deformação do que uma transfiguração. Não convém abordar o acerto ou não da sua de qualquer modo fascinante caracterização do satírico austríaco Karl Kraus, caracterização marcada pelo excesso de amor e ódio; não convém porque é quase desconhecido no Brasil este sedutor que formou e deformou uma geração de vienenses e que hoje é considerado na Alemanha, com o exagero das ressurreições, como um escritor que somente pode ser comparado a J. Swift e aos maiores da literatura universal. Para o leitor brasileiro afigura-se certamente mais interessante a atitude ambígua que este "vizinho" toma em face do autor de *O Castelo.*

Certos trechos em que Haas descreve a sua juventude em Praga fazem o leitor duvidar de se o autor não estaria copiando, inconscientemente, o mundo de Kafka ou se, ao contrário, — segundo afirma Haas — Kafka nada teria feito na sua obra senão copiar este mundo, resumindo as preocupações daquela geração de jovens intelectuais de Praga, para os quais, por volta deste século, Kierkegaard e Pascal parecem ter sido, por assim dizer, leitura cotidiana. A "cópia" de Kafka vai tão longe que Haas acaba negando-lhe qualquer mérito especial, a não ser o de ter expresso o que "todos nós" sentíamos e vivíamos. Esse mérito não seria tão pequeno assim, mas Haas parece considerar tal revelação do seu mundo juvenil mais como uma deselegância, espécie de traição do segredo zelosamente guardado de toda uma geração. Nosso mundo, revela por sua vez Haas, com certo atraso, era "um mundo todo impregnado do sentimento do pecado original". A existência de Deus, "Deus completamente inatingível e encoberto, se externava somente através da brutalidade, corrupção e satisfação maldosa de quaisquer funcionários subalternos, dos professores secundários, por exemplo, que moldavam o nosso destino. Foi esse nosso mundo sobre o qual discutíamos dia e noite nos quartos, parques e bares noturnos". Esse mítico mundo da velha monarquia habsburga — que era também o mundo de Freud — se distinguia ainda pelo ódio generalizado ao poder paterno. "Franz Werfel (e, como se sabe, toda a geração expressionista) sofreu muito com esse ódio ao pai". Desta forma, se Kafka, segundo Haas, reproduziu apenas a experiência peculiar de uma geração regional, deve-se chegar à conclusão de que também o complexo de Édipo nada mais é senão a vivência de uma geração limitada em espaço e tempo. Assim, não seria apenas um aforismo gratuito a mordaz observação de Karl Kraus de que "a psicanálise é aquela doença mental de que ela pretende ser a terapia". O fato é que todo o movimento expressionista, ao dirigir-se contra o pai, se revoltava ao mesmo tempo contra os regimes autoritários dos imperadores austríacos e alemães.

Haas confessa que ele e Werfel nada perceberam do gênio de Kafka quando Max Brod lhes leu alguns contos juvenis daquele moço que, com sua "face comprida, aristocrática, cor de oliva", se assemelhava a "um príncipe árabe". Ainda hoje considera Werfel muito superior a Kafka. Ao saírem, na década de 1920, *O Castelo* e *O Processo,* leu-os "como se lê um panorama perfeitamente familiar da própria juventude, em que se conhecem cada cantinho escondido, cada esquina, cada corredor poeirento, cada lascividade, cada alusão distante, por mais delicada que seja". E acrescenta: "Creio que posso ler os seus livros como no sonho; não compreendo que seja necessária uma palavra sequer para explicá-los; por trás desses episódios não há nada senão esses mesmos episódios. Por isso não compreendo nenhum dos milhares de ensaios que foram escritos sobre as obras de Kafka... visto ser supérflua cada palavra que se acrescente..." Mas logo depois contradiz inteiramente o que acabou de escrever. Se antes não compreendeu que seja necessária uma palavra para explicar esta obra, de súbito não pode "imaginar como alguém possa compreendê-la se não nasceu em Praga por volta de 1880 ou 1890". E se nada há por trás dos episódios, além deles mesmos, verifica três linhas depois que "decorre da profundeza alegórico-realista, estranhamente muda" dessa obra que "aquele que não conhece realmente o primeiro plano deste mundo enormemente sugestivo... tampouco pode compreender a densa analogia metafísica: assim surgiram e surgem os malentendidos mais abstrusos". E triunfalmente: "Somente nós temos a chave para o mistério de Praga!" Ao fim remata: "Minha maior alegria é que a 'glória mundial' de Kafka, este amontoado de malentendidos perversos, finalmente vai diminuindo. E assim ele, o amigo, nos é restituído".

Pelo exposto, não será o ciumento Haas que cederá as chaves do mistério. Em vez de ir em socorro dos intérpretes do amigo, seu esforço é, antes, o de por mais um ferrolho na porta zelosamente guardada, deixando os exegetas na situação típica dos heróis de Kafka: do lado de fora.

Mas será que Haas está do lado de dentro? Encontramos aqui mais uma vez, como no caso de Max Brod, certa incapacidade de compreender a autonomia da obra-de-arte, a qual, já emancipada das condições que lhe deram nascimento, constitui-se em universo próprio que não pode ser monopolizado por ninguém. Não serão precisamente os "vizinhos" de Kafka os que menos entendem a sua obra, porque timbram em reduzi-las às experiências de uma geração e à verdade dos "fatos" em vez de procurarem elevar-se à verdade essencial destilada pela força transfiguradora da imaginação artística? No fundo, o que Haas não entende é que Kafka escreveu *O Processo* e não as memórias de Haas.

Colóquios com Kafka.

Em 1920, Gustav Janouch [4], rapaz de 17 anos, conheceu Franz Kafka que naquela ocasião contava 37 anos. Desde então, até a morte do autor de *O Processo* (a 3 de junho de 1924), os dois se encontravam com freqüência. Janouch mantinha um diário e fixou as suas conversas com o escritor já conhecido em pequenos círculos. Somente em 1947, depois de uma primeira seleção feita por volta de 1930 — a qual, no entanto, não foi publicada —, reuniu os respectivos manuscritos (em língua tcheca e alemã), saindo o original alemão em 1951 (hoje existem traduções em numerosas línguas).

Para os amigos de Kafka o pequeno volume será possivelmente um presente ambíguo, não obstante a opinião de Max Brod, segundo a qual "Kafka despertou neste livro mais uma vez para a vida". Indubita-

(4) Gustav Janouch, *Gespraeche mit Kafka*, Ed. E. Fischer, 1951.

velmente se encontra nas conversas material capaz de enriquecer os nossos conhecimentos acerca do grande autor tcheco-judeu-austro-alemão que nunca conseguiu superar as amarguras de uma existência tão duramente hifenizada.

No entanto, Janouch não está à altura da função de um Eckerman e o Kafka cuidadosamente maquiado, que ele nos apresenta, não convence o leitor crítico. Na medida, porém, em que convence, revela traços dúbios que lançam uma luz nem sempre favorável sobre ele, o que, evidentemente, não diminui o valor artístico da sua obra. Logo de início parece-nos inacreditável que Kafka, imediatamente depois da apresentação, tenha dito: "Definitivo é só o sofrimento". Passado mais um minuto, acrescenta que se sente como um homem preso numa "solitária escura". É difícil acreditar que Kafka de tal modo tenha vazado sentimentos e confissões num primeiro contato.

De resto, Janouch não domina inteiramente a língua alemã, fato que se desculpa num autor mais ou menos bilíngüe, cabendo a responsabilidade aos editores que deveriam ter cuidado deste aspecto. Trata-se de pormenores talvez não muito importantes. No entanto, é curioso como tais minudências se tornam imperdoáveis, quando ocorrem por assim dizer ao alcance de um grande escritor, cuja linguagem é elaborada com a precisão de um ritual mágico. O esmero da expressão marca por vezes o limite quase imperceptível entre uma descoberta intelectual surpreendente e uma banalidade. Seria difícil encontrar em todas as obras de Kafka uma frase sequer que se afigurasse como lugar-comum. Nestes colóquios, entretanto, abundam as idéias triviais, apresentadas com a atitude do pensador de Rodin. O corriqueiro é enunciado com acentos trágicos, é externado quase com as mãos postas e ar de lamentação chorosa: tudo isso precisamente em se tratando de um autor que pode ser considerado o mestre do *understatement* e que narra as coisas mais espantosas com a aparente tranqüilidade de um pescador sentado à beira de um riacho. Acrescentam-se finalmente as "observações caracterizantes": "... Kafka franziu o sobrolho... sorriu com lábios apertados... sorriu tristemente... com embaraço... melancolicamente... ironicamente... o seu olhar perdeu-se na distância... ele sacudiu a cabeça... contorceu os lábios..." O leitor não pode deixar de "contorcer os lábios".

O diário — isso parece quase certo — foi retocado a partir da perspectiva duma época que reconheceu a grandeza de Kafka. Toda sentença revela a atitude de quem se convenceu posteriormente que manteve casualmente relações com um gênio e que agora, todo arrepiado de respeito, coloca cada palavra do "vulto" num pedestal; enquanto o próprio Kafka, transformado em monumento, cavalga lá em cima num cavalo de bronze. Nada corresponde menos a Kafka do que esta atitude didática de mestre em que Janouch envolve o humilde escritor de Praga.

Apesar de tudo isso, o livro não deixa de ser uma leitura obrigatória para os amigos de Kafka. Ao lado de reflexos deformados encontra-se por vezes (ao que parece) o autêntico Kafka. Muitos assuntos são abordados nas conversas — questões políticas, filosóficas, estéticas, religiosas; muitos contemporâneos ilustres são mencionados, julgados, criticados, enaltecidos.

"A língua, lemos, é a respiração sonora da pátria. Quanto a mim, sou um asmático gravemente atacado, pois não sei nem tcheco, nem hebraico. Estou aprendendo ambas as línguas. Mas isso é como se eu 'perseguiria' um sonho (será possível que Kafka disse "perseguiria", em vez de "perseguisse"?). Como se pode encontrar algo de fora que deveria vir de dentro?"

Sobre Jacob Wassermann externa-se de um modo pouco benevolente: "O *Caspar Hauser* de Wassermann há muito deixou de ser um enjeitado. Agora é legiti mado, integrado no mundo, registrado na polícia. E paga os seus impostos. Chama-se Jacob Wassermann, é autor alemão de romances e dono de um palacete. Intimamente sofre de inércia do coração, estado que lhe causa remorsos. Esses, porém, transforma em prosa bem paga e assim tudo entra nos eixos". Opinião que nos parece malévola e errada.

Acerca da exclusão dos poetas do Estado de Platão lemos este pensamento: "Os poetas procuram dar outros olhos ao homem, para assim modificar a realidade. Por isso ameaçam a segurança dos Estados, já que querem introduzir modificações. Ora, o Estado e seus servos devotos nada querem senão durar". A respeito da Liga das Nações, predecessora da ONU: "A Liga das Nações não é uma liga das nações, mas apenas um entreposto de diversas associações de interesses".

A América parecia a Kafka "o país encantado das possibilidades ilimitadas". A Europa, acrescenta, torna-se cada vez mais o continente da "limitação impossível". Kafka não apreciava o cinema: "O olhar (no cinema) não se apodera das imagens; essas, ao contrário, apoderam-se do olhar. Inundam a consciência. O cinema uniformiza o olho que até agora vivia despido". Se o olho é a janela da alma, os filmes seriam "venezianas de ferro" — opinião que, da mesma forma como idéias semelhantes divulgadas por Romano Guardini, parece basear-se num profundo equívoco.

Que Kafka, apesar ou talvez precisamente por causa da sua grande arte, muitas vezes é um autor que mais seduz do que conduz, ressalta da sua concepção a respeito da luta das gerações: "A velhice é o futuro da juventude — fase a que esta tem de atingir mais cedo ou mais tarde. Por que então lutar? Para envelhecer mais depressa? Para demitir-se com tanto mais rapidez?"

Certa vez, Janouch pergunta a Kafka se ele se sente tão solitário como Caspar Hauser. "Muito pior do que Caspar Hauser", responde. "Sou solitário — como Franz Kafka." Isso é autêntico, incluindo a leve ironia. O escritor que não desejava ser nada com mais intensidade senão "um cão entre cães", sentia-se miseravelmente só. Mas isso são perguntas que se fazem? E respostas que se dão?

Pequenas notas sobre Kafka.

Descrição de um Combate, volume editado por Max Brod em 1936, reúne os primeiros trabalhos de Kafka. Neles estão presentes, desde logo, certas experiências e se notam certos processos literários que irão caracterizar a obra posterior. Já nestes textos fictícios encontram-se, quase sem modificações, trechos de cartas, da mesma forma como na ficção futura surgirão trechos dos diários. Entre a obra, os Diários e as cartas não há uma diferença fundamental: todos contêm elementos biográficos transformados pela imaginação. Por isso a ficção serve tanto para a interpretação dos Diários como estes para a interpretação da ficção. A famosa *Carta ao pai* deve ser lida, em ampla medida, como ficção, embora naturalmente contenha um fundo autobiográfico.

Numa carta a Max Brod lê-se o seguinte trecho: "Quando... após breve sono, depois do almoço, abria os olhos... ouvi como minha mãe dirigia do balcão uma pergunta para baixo: 'Que está fazendo?' Uma mulher respondeu do jardim: 'Estou tomando minha merenda ao ar livre'. Fiquei surpreendido pela firmeza com que os seres humanos sabem levar a vida".

Reencontramos o trecho, quase ao pé da letra, em *Descrição de um Combate.* Apresenta uma situação típica da futura obra kafkiana: o despertar. E, con-

254

comitantemente, o sentimento de estranhamento em face do mundo, característico deste momento de transição entre sono e lucidez. A realidade, neste instante, ainda não tem a consistência das coisas corriqueiras que se aceitam habitualmente. A consciência ainda não reencontrou as categorias constitutivas da realidade empírica, graças às quais somos capazes de dar conta da nossa atividade cotidiana. Visto a partir deste estado intermediário, flutuante, por assim dizer fora do mundo, a naturalidade com que as pessoas se instalaram na vida é de fato surpreendente.

Característica é também a maneira fria e neutra com que Kafka registra, já nestes textos precoces, esta experiência assustadora da fragilidade da nossa consciência da realidade. É o estilo sem ênfase, quase se diria indiferente, com que irá registrar mais tarde acontecimentos terrificantes como se fossem as coisas mais normais do mundo. O normal, na obra de Kafka, torna-se estranho e o estranho é apresentado como se fosse normal. Kafka descreve a realidade, a nossa realidade, mas com o olhar de quem estivesse despertando. Por isso, a obra nos abre os olhos — e um acesso novo e mais profundo à realidade.

•

Desde o *Veredicto* o sentimento de culpa será tema constante da obra kafkiana. Neste conto, o filho lança-se, à ordem do pai, ao rio e se afoga. O pai diz: "No fundo foste uma criança inocente, mas, mais no fundo, um homem diabólico". Ao desfazer em 1914 o primeiro noivado, Kafka chama-se, a si mesmo, um "diabo em toda a inocência". É fácil descobrir as raízes biográficas deste conto nas relações precárias entre Kafka e o seu pai. Entretanto, já vimos que há nas manifestações biográficas de Kafka certa "auto-estilização" imaginativa. Kafka conhecia a psicanálise, de modo que a interpretação assaz plausível do conto como expressão de uma situação edipiana não deve ser transposta, sem precauções, para o próprio autor. O conto apresenta motivações amplas para o sentimento de culpa e o veredicto: a frieza e a inércia do filho, em face do amigo e do pai. Mas a punição é completamente desproporcional em relação à culpa e não pode ser entendida em termos de uma moralidade baseada no senso comum. No mundo onírico e obsessivo do conto, fortemente distorcido pela visão expressionista, as relações humanas e a realidade são levadas a um terrível grau de essencialidade em que as valorizações "diurnas", empíricas, perdem o seu sentido. O pai, numa cena grotesca e ambígua, adquire, apesar de pormenores muito cômicos, dimensões quase sobrenaturais, o filho parece enfrentar uma divindade arcaica e cruel, sem que deixe de ser senil. Também Édipo, na peça de Sófocles, é inocente segundo as nossas concepções morais. Matou, em justa autodefesa, um homem e casou-se com uma mulher: não sabia que matara o pai — também o filho de *O Veredicto* deseja, no fundo, a morte do pai — e tampouco sabia que se casara com a mãe. Ainda assim tornou-se a "peste de Tebas" e assume toda a responsabilidade por crimes que, de sã consciência, não cometeu. Em ambos os casos a interpretação psicanalítica é sedutora, mas deve ser empregada com muita cautela.

*

América, como os romances *O Processo* e *O Castelo*, permaneceu fragmento. Este fato, porém, não parece prejudicar a apreensão do significado essencial do romance, já que, como os outros, não tem uma linha narrativa de progressiva continuidade. Compõe-se de episódios que giram em torno das mesmas experiências da solidão, da procura de integração na sociedade, da tentativa angustiada de entender um mundo "alienado" e da frustração constante de todos esses esforços. O título *América* é de Max Brod que publicou o fragmento em 1927. O capítulo inicial apareceu em 1913 com o título *O foguista*. O tema é o encontro de um jovem emigrante europeu, espécie de filho pródigo, com o avassalador espírito comercial da América. É neste romance, sobretudo, que várias situações sugerem com nitidez uma crítica ao mundo capitalista moderno, assim como à desumanização tanto dos exploradores como dos explorados. Os trechos finais da obra parecem anunciar um fim feliz, utópico; mas outras fontes (Diários) indicam um desfecho desastroso.

*

A Colônia Penal é um dos exemplos mais conhecidos do humor negro de Kafka. O autor escreveu esta fantasia tétrica em torno da culpa e da punição enquanto trabalhava na elaboração de *O Processo*. Como o "herói" deste romance, também o soldado do conto não tem oportunidade de defender-se, nem conhece o veredicto. "Seria inútil comunicar-lhe o veredicto", diz ao turista o oficial que deverá executá-lo. "Ele o experimentará no próprio corpo." É provável que esta metáfora, tomada ao pé da letra, levou à concepção da hedionda máquina que, sob o comando do oficial, grava a lei não respeitada –– "Honra o teu superior" — na carne da vítima. Esta, em dado momento, com o corpo já quase esfacelado, alcançará o estado da beata felicidade de quem está em paz com a consciência, por "encarnar" a lei. Todavia, o executor já não encontra a plena compreensão dos contemporâneos e do turista — Kafka escreveu o conto num período relativamente civilizado — e decide soltar o preso. Mas, uma vez que a máquina está aí para funcionar, acaba executando o castigo na própria carne, não sem antes ter modificado o texto que lhe será sulcado na carne: "Sê justo". É com infinita volúpia que o dono da máquina se torna vítima dela. A máquina, ao mesmo tempo justa e injusta, pouco a pouco se desfaz em pedaços e acaba matando o oficial sem lhe conceder a suma graça de receber na carne o texto da lei.

Multívoco como quase todas as obras de Kafka, o conto foi interpretado em termos psicológicos, sociológicos, existencialistas e religiosos. Entretanto, convém ler as estórias kafkianas de início mais ao pé da letra, como visões da nossa realidade fundamental, sem recorrer desde logo a interpretações rebuscadas. É corriqueiro, no nosso mundo, que o homem é "punido" sem saber por quê, sem defesa, sem veredicto, sem apelação. Quem é punido pelo sofrimento, pela miséria, pela desgraça, pelo simples curso da vida, por isso mesmo é considerado culpado e ele mesmo acaba procurando descobrir a culpa que ignora. Haverá alguém que, neste mundo terrivelmente injusto, não seja culpado? "A culpa é sempre indubitável", diz o oficial da *Colônia Penal*. E o conto demonstra que aqueles que punem talvez sejam tão ou mais culpados que os punidos e que os carrascos acabam vítimas de sua própria máquina. Que a culpa seja sempre indubitável — tanto a do juiz como a do réu — é uma concepção que pode ser interpretada no sentido psicanalítico e cristão. Por isso mesmo a advertência do Evangelho: "Não julgues para não seres julgado".

*

Em *O Processo* é desenvolvida uma temática semelhante à de *A Colônia Penal*. Certo dia, de manhã — ao despertar! — Joseph K. é preso por dois expoentes da "lei" manipulada por um tribunal misterioso. Não sabe de que é acusado, não tem oportunidade real de defender-se, não se lhe comunica veredicto nenhum. Ao fim sofre a pena da morte sem que jamais soubesse por quê. Qual é a sua culpa? Talvez a culpa inconsciente dos nossos desejos inomináveis, comuns a todos, segundo a teoria freudiana? Talvez um pecado semelhante ao que os gregos chamavam de *hibris* — soberbia. Talvez Joseph K. entrasse em atrito com o poder e a ordem anônimos simplesmente por ser um indivíduo e como tal não chegar a ser uma peça totalmente ajustada à organização do poder. É verdade, os "heróis" dos três romances querem ajustar-se, querem ser aceitos pelos "poderes", mas não o conseguem porque os poderes são remotos, misteriosos, indevassáveis. O desejo de acomodação (integração) dos três é tão insistente que chega a ser um desafio incômodo, uma atitude rebelde que perturba a ordem. Tanto *O Processo* como *O Castelo* constituem-se essencialmente de episódios que narram as iniciativas baldadas de Joseph K. e de K., no sentido de se aproximarem dos poderes e da ordem anônima, constituídos de vastas hierarquias de funcionários, de um imenso aparelho burocrático, de uma engrenagem labiríntica que se afigura "sagrada" simplesmente por ser misteriosa e inacessível ao entendimento não só dos elementos exteriores à engrenagem, mas também dos funcionários que dela fazem parte.

Trata-se da "descrição de um combate", sempre frustrado e destinado a superar a "alienação" — tema fundamental da obra kafkiana. A situação dos "heróis" é a de exilados, de filhos pródigos que desesperadamente procuram voltar ao "lar paterno" de que partiram num ato de emancipação e de rebeldia, isto é, que procuram entrar na "lei", numa ordem significativa, coerente e humana — debalde, porém, porque a própria ordem se tornou absurda e irracional. A interpretação mais evidente é a que refere este tema à situação do homem no mundo atual. Como sempre, Kafka descreve a nossa realidade. Entretanto, o tema decerto tem também as conotações metafísicas que se associam ao mito do filho pródigo e do homem exilado do paraíso, sem que se devam excluir as teses da psicologia profunda sobre a relação entre o indivíduo e a autoridade "paterna" e o complexo de culpa daí decorrente. É preciso também tomar em conta que todo o movimento expressionista dirige-se enfaticamente contra a autoridade paterna. Esta se lhe identifica com a odiada autoridade monárquica, quer dos Hohenzollern, quer dos Habsburgos, autoridade que tendia a eternizar situações sociais tornadas insuportáveis.

*

O mesmo tema de *O Processo* é abordado em *O Castelo*. Se naquele o "herói" foge avançando de encontro aos poderes, neste procura avançar, num constante desafio, sem nunca progredir. A prosa fria e sóbria se ajusta com perfeição ao "mundo organizado", burocrático, do romance. O personagem central já não tem nome. Chama-se K. Bem de acordo com os processos expressionistas, Kafka não pretende apresentar um caráter individual, diferenciado, com matizes psicológicos, mas um arquétipo, à semelhança dos mitos antigos. Visa a penetrar nas estruturas essenciais do homem, quer quando na situação da busca desesperada de sentido, ordem, harmonia e repouso, quer quando totalmente amoldado às hierarquias burocráticas do poder. Por isso, o universo kafkiano se apresenta despojado da psicologia diferenciada do romance realista anterior. Este processo literário teve influência avassaladora sobre o romance e o teatro atuais. Isso se refere também à técnica de o leitor ser forçado a ver o mundo como o vê o "herói". Kafka aboliu o narrador onisciente que comunica ao leitor sua sabedoria e lhe ordena e digere os fatos. O mundo é apresentado, quase integralmente, da perspectiva de K. Visto que K. se defronta com um mundo que lhe é estranho e misterioso, o leitor forçosamente tem de estranhar também este mundo, tem de participar das experiências de K.

260

como se estivesse na sua pele e visse com seus olhos este mundo estranho, absurdo — que é o nosso.

*

A Metamorfose é uma das melhores novelas de Kafka. Nela é abordado, de um modo pungente, o tema da "peça desajustada" que, por não funcionar e perturbar a ordem, é jogada ao lixo. As relações familiais servem de modelo. Não se deve entender a novela de um modo metafórico. Gregor Samsa — ao despertar! — não se sente como se fosse um inseto: ele de fato "é" uma barata. O "como se" é riscado, a origem metafórica ("eu me sinto como um verme, um inseto") é anulada, a imagem lingüística é levada ao pé da letra. Uma visão subjetiva, uma experiência pessoal é projetada e posta como objetiva. Este processo é típico do simbolismo e expressionismo, movimentos que exaltam a criatividade da imaginação e a verdade superior das suas construções. ao manipular livremente os elementos da experiência. Em *Descrição de um Combate*, Kafka escreve: "À certa distância, frente à minha rua... fiz erguer-se um monte maciçamente alto... Este aspecto me alegrava tanto que... me esqueci de fazer surgir a lua que já jazia por trás do monte, provavelmente irada por causa do atraso". Quem faz erguer-se um monte e para a lua — façanha quase bíblica — não encontra dificuldade em transformar um caixeiro-viajante em barata. O processo é de conto-da-carochinha, embora num sentido inverso, nada maravilhoso.

*

O Campeão do Jejum é uma tradução pouco exata. Outros preferem a tradução *O Faquir*, também inexata. O título preciso é *O Artista da Fome*. A novela descreve a situação "ascética" do artista e, em extensão, do intelectual, que negam radicalmente o compromisso com a vida material e são, exemplarmente, peças desajustadas. Como sempre na obra de Kafka, a narração é ambígua. O artista confessa que, no fundo, gostaria de ajustar-se e de comer, mas, infelizmente, não encontrou nunca a comida que lhe apetecesse. Muito característico é também o fato de que se trata de um artista um tanto histriônico: ele desempenha a sua ascese diante de amplo público. A novela tem implicações sociológicas e metafísicas que exigem, para interpretá-las, amplo desenvolvimento. Ela se assemelha, na temática, ao *Tonio Kroeger*, de Thomas Mann. novela que Kafka amava. Mas o processo da narração expressionista distorce de tal modo o contexto que mal se reconhece a semelhança fundamental.

A COSTELA DE PRATA DE A. DOS ANJOS

Ao ler-se os poemas de Augusto dos Anjos, o que de imediato chama a atenção é naturalmente a sedução dir-se-ia erótica que sobre ele exercem os termos científicos. Termos de certa forma exóticos (ainda que não se trate, no contexto da língua portuguesa, propriamente de estrangeirismos), de modo que se pode falar, usando uma expressão de Theodor Wiesengrund Adorno, de uma espécie de "exogamia lingüística" [1]. Fenômeno até certo ponto análogo, ligado a uma visão se-

---

(1) No nº 83 do suplemento literário de *O Estado de São Paulo*, Ruggero Jacobbi dedicou um estudo aos *Minima Moralia* de Th. W. Adorno.

melhante do mundo e do homem, se verifica no expressionismo alemão. "Foi o jargão de uma classe profissional, a linguagem médica... que marcou o momento crítico em que se iniciou a literatura alemã moderna..." Esta afirmação de um filólogo (Walter Jens) refere-se particularmente a Gottfried Benn que publicou em 1912 um volume de poesias com o título *Morgue*. Refere-se ainda — acentuando mais a temática que a terminologia — a Georg Heym de quem quase ao mesmo tempo saiu uma espécie de poema em prosa com o título *Autópsia,* descrição de horripilante beleza, da dissecação de um cadáver. Trakl, ao mesmo tempo, sussurrava versos que continham visões de uma humanidade de "cara quebrada", cujos caminhos desembocam em "negra putrefação". Quem não se lembraria da temática essencial de Augusto dos Anjos? "A nossa doença, dizia Heym, é vivermos no fim de uma era, num crepúsculo que se tornou tão sufocante que quase já não se pode suportar a exalação do apodrecimento" (em acepção mais literal, essa palavra — e seus sinônimos — talvez seja a mais freqüente na poesia do autor brasileiro).

Augusto dos Anjos nasceu em 1884, Benn em 1886 e Trakl e G. Heym em 1887. Todos, com exceção de Benn, morreram por volta de 1914. Há naturalmente diferenças profundas, de forma e substância, entre cada qual desses poetas de uma só geração e, em especial, entre os três alemães e o brasileiro. Mas há, sem que se queira fazer de Augusto dos Anjos um expressionista (movimento do qual dificilmente pode ter tido notícia), coincidências notáveis. particularmente entre este e Benn.

Em conexão com a terminologia clínico-científica — que, sem ser monopólio desses dois poetas, é por eles usada com insistência excepcional — surge em ambos os casos o que se poderia chamar uma poesia de necrotério na qual se disseca e desmonta "a glória

264

da criação, o porco, o homem" (Benn), o "filho do carbono e do amoníaco" (Augusto). Esse "feixe de monadas bastardas" desagrega-se em "o tato, a vista, o ouvido, o olfato e o gosto", aparecendo numa tasca até a "mandíbula inchada de um morfético" (Augusto), enquanto nas tavernas de Benn "os dentes verdes (de um rapaz)... acenam a uma conjuntivite" (pertencente a uma moça) — ambiente "poético", aliás, que com citação especial do "Dr. Benn" foi transferido por George Grosz para uma das suas caricaturas. Essa poesia sadomasoquista lança o desafio do radicalmente feio à face do pacato burguês, desmascarando, pela deformação hedionda, a superfície harmônica e açucarada de um mundo intimamente podre. Não só o ser humano, também a palavra e a metáfora tradicionais desintegram-se ante o impacto dessa poesia. Surge, ao lado da montagem do termo técnico no contexto da língua tradicional — a dissociação pelo lingüisticamente heterogêneo — uma metafórica grotesca, "marinista", que opera com o incoerente. No mundo de Augusto dos Anjos, mundo em que o verme é o operário das ruínas e em que o próprio ar se desagrega (*Os Doentes*, IV), o luar já não é dos namorados, visto ser "da cor de um doente de icterícia"; a lua, "paralelepípedo quebrado", é cercada de astros que reduzem "os céus... a uma epiderme de sarampo". Neste mundo reina a "matilha espantada dos instintos", o calçamento copia "a polidez de um crânio calvo" e a sombra transforma-se em "pele de rinoceronte".

Sem dúvida, o *frisson galvanique* dessa poesia tem sua raiz na concepção baudelairiana de uma arte que ainda do horroroso e feio, da fosforescência da podridão, tira uma beleza artificial e alexandrina, haurindo seus melhores efeitos do fascínio excitante provocado por motivos e vocábulos "chocantes", isto é, causadores de "choques". O termo exótico em particular, inserido no campo do vocabulário familiar,

265

passa a ser núcleo irradiador de tensões. Da mesma forma como as palavras, o mundo de Augusto dos Anjos é, por assim dizer, na sua essência, proparoxítono, esdrúxulo, dissonante. À semelhança do que ocorre na "dermatologia lírica" de Benn, opõem-se e unem-se na sua poesia o impulso lírico e científico. As proposições matemáticas e a palavra artística, diria Benn, são as únicas "transcendências verbais": "o resto é pedir chope". Daí o esforço de tornar iricamente produtivo o termo técnico, o neologismo e, no caso de Benn, o estrangeirismo. Este é particularmente "chocante" na língua alemã que, nos últimos séculos, não conseguiu concluir uma *pax romana* com o vocabulário alienígena, principalmente greco-latino, ao ponto de haver cerca de um milhão de tais termos não vernaculizados, dos quais boa parte é "sentida" como estranha pelo alemão, dando em especial ao purista cada vez um pequeno *frisson galvanique*.

À "unidade dialética" de lirismo e ciência corresponde a atração polar entre o impulso místico e o intelectualismo. Através de um verdadeiro sincretismo lingüístico, Augusto dos Anjos consegue casar, unir, rimar "apostema" e "Iracema", "goitacazes" e "antrazes", forçando a *coincidentia oppositorum* de "sânie" e "perfume". Na "putrescível crusta do tegumento que me cobre os peitos", Augusto sente bater "toda a imortalidade da substância". Em ambos os poetas há uma dolorosa experiência do dualismo: "catástrofe esquizóide", dissociação da unidade original em Eu e mundo, sujeito e realidade objetiva (Benn); e "antagonismos irreconciliáveis", a "gula negra das antinomias", "cóleras dos dualismos implacáveis" (Augusto). Daí a ânsia de superar esse insuportável estado de fragmentação por uma vivência atávico-regressiva: pela "comunhão frígia", a "regressão talássica", volta ao nirvânico "país de loto" (Benn) ou pela "saudade da monera" e da "pátria da homogeneidade": "Eu voltarei, cansado da árdua liça, — À substância inorgânica primeva" (Augusto). Se Benn canta a célula viscosa no lodo dos pantanais, Augusto prefere ser "semelhante aos zoófitas e às lianas" e à "larva fria". Ao fim exalta, com Buda e Schopenhauer, o Nada, único recurso para escapar "do supremo infortúnio de ser alma" e para não ser martirizado pelo morcego da consciência (a influência de Schopenhauer sobre Augusto dos Anjos afigura-se muito mais profunda do que a de Haeckel e Spencer; alguns dos seus maiores poemas, como *Na Forja* e *A Floresta* parecem inimagináveis sem a assimilação do pensamento do filósofo alemão) [2].

Mas esse panteísmo místico, expressão, em última análise, do anseio profundo da unidade, pureza e inocência perdidas, se de um lado almeja a regressão à eterna calma do Nada, de outro lado exalta toda a evolução até os graus mais elevados da espiritualização e do intelectualismo. Há também um cansaço "de viver na paz de Buda" (*As Cismas do Destino*) e uma aspiração de desenvolvimento triunfal até ao ponto em que, agora precisamente pelo pensamento, o poeta se "desencarcera" da "obscura forma humana" para encontrar, por assim dizer vindo do outro lado ou "de cima", o nirvana na "imortalidade das Idéias". E com grande precisão chama esse desencarceramento pela "cerebralização progressiva" (Benn) de "manumissão schopenhaueriana", isto é, libertação pela inteligência, pela contemplação "desinteressada" (isenta da tortura dos desejos e da vontade) das idéias platônicas, para "Arrancado das prisões carnais,/ Viver na luz dos astros imortais,/ Abraçado com todas as estrelas". Agora o "quietismo sonolento" das formas inferiores da vida é de súbito "obnóxio"; o poeta dirige-se contra a

(2) A temática da dissolução no "lodo", da volta ao estado larvar e à inconsciência, numa espécie de regaço cósmico-materno (muitas vezes simbolizado pela água), tem precedentes no simbolismo, p. ex. em Jules Laforgue, assíduo leitor de Schopenhauer, da mesma forma como no jovem Brecht e em muitas obras de Hermann Hesse contaminadas pelo simbologia da psicologia profunda.

267

"obnóxia inconsciência", deplora os peixes que um castigo de sua espécie emudeceu e, em geral, os animais ansiosos de um "vocábulo completo" (*As Cismas do Destino*). Com uma ternura mais do que franciscana chora mesmo o ferro, "de consciência eternamente obscura", que na metalúrgica batalha da forja não pode externar a sua dor de minério castigado senão através de uma "semântica" bárbara (*Na Forja*), já que lhe faltam "os ligamentos glóticos precisos" ou um "pedaço de língua disponível" para que, desencarcerado graças à manumissão schopenhaueriana, tenha a liberdade de, com "filogenética vingança", vingar em risos a "angústia milenária que o persegue" (*Noite de um Visionário*).

É evidente que todas essas antinomias, tensões e angústias aparentemente irreconciliáveis se refletem com grande precisão no contraste entre a "língua" e a linguagem especializada. Alguns anos antes de se manifestar na Alemanha o movimento expressionista, Hugo von Hofmannsthal, num famoso escrito, dissera: "As palavras se desintegravam na minha boca como cogumelos mofados". Augusto dos Anjos, poucos anos depois e à semelhança de Benn, buscava a palavra de dura e firme consistência, a palavra que não participasse da corrupção para que, deste modo, pudesse tanto melhor exprimir e superar as visões da podridão. Ambos encontraram esta palavra na linguagem científica, particularmente das ciências biológica e fisiológica. Não se tratava apenas de criar choques fascinantes através da inserção de neologismos e termos técnicos no corpo "mofado" da língua poética tradicional. Essa terminologia esotérica, o "Turbilhão de tais fonemas acres / Trovejando grandíloquos massacres", que nos fere as "auditivas portas", é expressão dos "ligamentos glóticos precisos" e supera a semântica bárbara dos seres inferiores (pense-se nos versos que se referem ao latir dos cães). Exatos como fórmulas ma-

268

temáticas, mas ao mesmo tempo de efeito encantatório como um ritual coreográfico, tentam traduzir a "imortalidade das idéias". Cabe-lhes exprimir e promover a "abolição", o desencarceramento da obscura forma humana, a libertação do apodrecimento, através de um artificialismo mental que não participa da decomposição de tudo que é orgânico. Não buscava esse "mineralogo" da pureza virginal, ávido de "rutilância fria" em meio dos pantanais, para quem "Deus resplandecerá dentro da poeira / Como um gasofiláceo de diamante", não buscava Augusto dos Anjos no termo duro e artificial o que o vocábulo histórico, já amolecido pelo bafo de tantos pulmões doentes, não lhe poderia dar? Sem dúvida se pode aplicar ao termo técnico o que se disse certa vez do estrangeirismo: é como a costela de prata que se introduz no corpo lingüístico. Ou como o exprime Th. W. Adorno: é um elemento anorgânico que interrompe o contínuo orgânico da língua, arrebentando-lhe o turvo conformismo.

O termo especializado é, precisamente em conseqüência da sua artificialidade esotérica, um elemento alienígena que revela, através da sua alienação radical e sem concessões, a alienação encoberta da língua histórica que, em determinado momento, já não exprime a "coisa" e, atrasada, se alheia dos significados em plena revolução. Augusto dos Anjos fala muitas vezes da angústia da palavra e, certa vez, da esperança de poder "inventar... outro instrumento" para reproduzir o seu sentimento (*Versos de Amor*). É que em determinada fase — no caso de Augusto na fase pré-modernista — a língua tradicional se transforma em prisão, mas prisão familiar e por isso despercebida. Enganando-nos acerca do seu efeito isolador (porque ela nos separa da realidade interna e externa), corrompe a expressão da verdade. O termo técnico, arbitrário, "desumano" e coisificado como é, leva tal situação de alheamento até as suas últimas conseqüências, radicaliza-a ao extremo e incorpora-a conscientemente pela montagem na oficina lingüística. Desta forma passa a revelar a situação, desmascarando-a como "cárcere lingüístico". E assim acaba contribuindo, mais uma vez, para que o poeta possa desencarcerar-se dele e da obscura forma humana e trocar a "forma de homem / Pela imortalidade das Idéias".

À exogamia lingüística de Augusto dos Anjos corresponde uma "desumana" paixão exogâmica por tudo que não faça parte da corrupta tribo humana: pela monera, pela "numenalidade do Não-Ser", pela Idéia — enfim pelo infra e transumano. Entre todos os termos deste grande poeta não existe um: o termo médio.

ANATOL ROSENFELD NA PERSPECTIVA

Texto/Contexto I (D007)
Teatro Moderno (D153)
O Mito e o Herói no Moderno Teatro Brasileiro (D179)
O Pensamento Psicológico (D184)
O Teatro Épico (D193)
Texto/Contexto II (D254)
História da Literatura e do Teatro Alemães (D255)
Prismas do Teatro (D256)
Letras Germânicas (D257)
Negro, Macumba e Futebol (D258)
Thomas Mann (D259)
Letras e Leituras (D260)
A Cinelândia Paulistana (D282)
Cinema: Arte & Indústria (D288)
Preconceito, Racismo e Política (D322)
Judaísmo, Reflexões e Vivências (D324)
Brecht e o Teatro Épico (D326)
Teatro em Crise (D336)
Estrutura e Problemas da Obra Literária (EL01)
Mistificações Literárias: "Os Protocolos dos Sábios de Sião" (EL03)
Anatol "On The Road" (P22)

Este livro foi impresso na cidade de Cotia,
nas oficinas da Meta Brasil,
para a Editora Perspectiva.